AF356984

# LA BOUTIQUE

## DU MARCHAND

### DE NOUVEAUTÉS

Coulommiers. — Typogr. A. MOUSSIN.

# LA BOUTIQUE
# DU MARCHAND
# DE NOUVEAUTÉS

PAR

EUGÈNE MULLER

PARIS

LIBRAIRIE DE L. HACHETTE & C<sup>ie</sup>

BOULEVARD SAINT-GERMAIN, N° 77

1868

Tous droits réservés

# LA BOUTIQUE
# DU MARCHAND

## DE NOUVEAUTÉS

---

## I

### DIALOGUE

« ... D'ailleurs — reprit-elle — par cela seul que je suis femme, je crois pouvoir avouer sans rougir un goût très-prononcé, disons même, si vous voulez, une passion pour ces riens charmants que, vous autres hommes, vous flétrissez du nom si partialement dédaigneux de *chiffons*.

— Eh! Madame — répliquai-je — qui songe à vous en blâmer? Toutefois vous m'accorderez peut-être qu'en de certains cas nous sommes payés, ou plutôt nous payons pour avoir le droit...

— De maudire les *chiffons*, et aussi parfois celles qui en sont entichées.

— Je ne dis pas tout à fait cela.

— Mais je le dis pour vous. D'abord parce que c'est la vérité, et ensuite parce qu'il est juste de reconnaître que tels d'entre vous sont largement autorisés à pester contre telles d'entre nous qui s'abandonnent sans réflexion à ce désastreux penchant. Oui, désastreux, je maintiens le mot, car je sens bien que, pour ma part, si le raisonnement ne venait pas quelquefois, très-souvent même, à l'encontre du désir, je me comporterais de façon à excéder en un mois mes ressources d'une année. Mais, Dieu merci! je suis philosophe.

— Le ciel me préserve d'en douter.

— Vous croyez rire, Monsieur.

— Oh! je vous affirme, Madame...

— Quoi? que vous ne vous moquez pas? soit! mais ce n'est point, j'imagine, que vous n'en ayez l'envie. Et pourtant je soutiens, ne vous déplaise, qu'il y a quelque mérite, quelque sagesse à triompher là où tant d'autres succombent.

— Mais, Madame...

— Et surtout quand c'est au prix d'héroïques luttes avec soi-même que... — Ah! voilà que vous souriez encore : ce qui témoigne que vous êtes loin de donner au sujet que nous traitons sa véritable importance. Aussi, croyez-m'en, restons-en là; car je prévois que nous tarderions trop à nous entendre : vous, partant invariablement du profond et instinctif mépris que ces malheureux *chiffons* vous inspirent, moi, tout au contraire, me souvenant sans cesse que je suis leur fervente admiratrice...

— Et que diriez-vous, Madame, si je m'avisais de vouloir vous démontrer que je les tiens à plus haut prix que vous ne sauriez le faire vous-même?

— Ah! par exemple!

— Si je prenais à tâche de vous convaincre que votre admiration, pour si grande et si vive qu'elle soit, reste encore bien en-deçà du degré qu'elle devrait atteindre?

— Est-ce encore de l'ironie, Monsieur?

— Non, Madame: je parle sérieusement, très-sérieusement.

— Mais alors?...

— Alors admettez-moi à faire mes preuves.

— Je ne comprends pas... mais qu'à cela ne tienne!

— Eh bien, Madame, je vous propose un voyage, un grand voyage.

— Avec vous?

— Avec moi: mais sans sortir d'ici.

— Je comprends de moins en moins. Toutefois, je me risque. Où allons-nous?

— Nous allons, si vous le voulez bien, remonter ensemble aux sources de ces merveilles, dans la convoitise ou dans la possession desquelles vous trouvez tant de charmes.

— Comment l'entendez-vous ?

— J'entends, Madame, qu'au lieu de vous en tenir à la seule vue, ou à la simple acquisition des mille objets qui garnissent les rayons ou la montre du marchand, vous me laissiez vous conduire en excursions, en découvertes, dans le monde tout d'activité, d'adresse, de génie même, où ils se rêvent, se créent, pour le faste aussi bien que pour le confort, pour la fantaisie aussi bien que pour l'utilité. Vous les avez sans doute mainte fois contemplés en eux-mêmes, pour eux-mêmes, et avec la séduisante perspective des satisfactions qui leur pouvaient être dues; mais avez-vous jamais songé à vous faire une idée de la multiplicité, de la diversité d'efforts intellectuels et physiques que provoque et nécessite l'alimentation d'un de ces dépôts où vous allez puiser pour vous vêtir et vous parer. Cependant, pour quelques centaines d'articles qui sont là réunis, à combien de milliers, de millions, je pourrais même dire de milliards d'êtres a-t-il fallu faire appel, qui ont donné leur part d'énergie, d'instinct, de vigilance, d'habileté, d'imagination? Combien de cerveaux mis en travail? combien de bras fatigués? combien d'existences enchaînées à cette production, et qui en ont dépendu?... Et, en plus des hommes mis à contribution sur tous les points du globe, les animaux et les plantes dépouillés, sacrifiés; la terre fouillée, les eaux explorées, l'air lui-même rendu agent docile :

voilà ce que je découvre là où vous n'apercevez, je suppose, que des vêtements ou des toilettes futures. Et, je ne sais si je m'abuse, mais je crois que si, au moment où vous les abordez, chacun de ces objets vous parlait en quelque sorte comme il me parle à moi, pour vous révéler son origine, pour vous conter l'histoire des transformations, ou plutôt des enfantements successifs qui, par les voies du travail humain, l'ont amené à l'état où vous le voyez, je crois que chacun de ces objets, que déjà vous estimez singulièrement, acquerrait un surcroît d'importance idéale qui peut-être vous le rendrait bien plus cher qu'auparavant. J'imagine même que vous ne sauriez plus désormais pénétrer dans un de ces endroits où se trouve manifestée sous tant de formes la puissance de l'industrie et de la solidarité humaines, sans qu'il vous vînt dans l'âme un de ces sentiments qu'on aime à éprouver, quand on est encore capable d'admirer ce qui est beau et d'applaudir à ce qui est bon. Et n'est-ce pas la beauté digne de la plus forte admiration que l'ensemble de tant de conquêtes dues aux pacifiques audaces du progrès? Et n'est-ce pas le bien méritant d'unanimes applaudissements, que cet immense concert établi entre les membres de la grande famille universelle par la sainte loi du travail? — Que vous en semble, Madame? vous plaît-il que nous nous aventurions dans le va-et-vient de cet innombrable essaim d'abeilles qui s'agitent, qui s'évertuent, et qui — trop souvent sans qu'il leur en revienne une part suffisante — amassent pour tous le miel doré et bienfaisant? Vous verrez : ce monde-là a bien ses grandeurs, ses poésies, puisqu'il a ses luttes, ses triomphes, ses défaites, ses souffrances, ses joies... Voulez-vous venir, Madame?

— Je suis prête, mais vous-même, Monsieur, qui vous dirigera?

— Moi, Madame, le souvenir; car c'est une de mes fiertés intimes de me rappeler qu'enfant, adolescent, et bien plus tard même, j'ai vécu, j'ai eu ma tâche matérielle et intellectuelle dans ce monde où je m'offre à vous conduire. Vous le savez, on ne naît pas *faiseur* de livres. C'est un démon qui, tout par un jour, vient vous forcer à prendre une plume, et qui se cramponne à vous pour que, lourde ou légère, cette plume ne tombe plus jamais de vos doigts. Moi, quand le démon me chercha, c'est au fond d'une fabrique où j'étais apprenti qu'il dut venir me trouver. Et Dieu sait combien d'ateliers, d'usines, je lui fis visiter depuis! Je me réjouis vraiment à l'idée de l'y ramener, après qu'il a tant fait pour m'en tirer. Mainte fois il lui arrivera d'y rencontrer la mémoire de telle ou telle déconvenue, et sans aucun doute alors il endiablera; mais sa compagnie n'en sera peut-être que moins monotone pour vous... Toutefois, soyez tranquille, ce n'est nullement ma biographie que j'ai l'intention de vous faire, sous le prétexte d'un voyage à travers les *industries textiles*. Je n'ai pas, Dieu merci, l'outrecuidance de croire que, pour avoir trouvé dans mon cerveau quelques historiettes innocentes, le droit me soit acquis d'occuper personne de ma petite individualité. Non. Je vous ai proposé d'être votre guide dans un pays nouveau pour vous. Vous m'avez demandé quels étaient mes titres à cette fonction : je vous les ai fait connaître ; si vous les trouvez suffisants, partons, Madame.

— Partons, Monsieur, à tout hasard.

— Eh bien ! Madame, nous voilà partis... »

# II



## CHEZ LE MARCHAND

Au beau temps où les rouages de la machine oratoire étaient étiquetés dans le cerveau des rhéteurs comme les pièces d'un squelette dans les tiroirs d'un naturaliste, l'arsenal scolastique contenait, entre autres engins d'ergotage, une figure parée du joli nom de *synecdoche* ou *synecdoque*, dont la mission consistait à prendre le tout pour la partie, ou la partie pour le tout.

Aujourd'hui, l'école pédante ne tient plus ouvertement séance, l'anatomie du langage n'est plus pratiquée selon la froide méthode d'autrefois, mais, à l'exemple du bonhomme Jourdain, qui se trouvait prosateur à son insu, nous ne nous abstenons pas des figures, qui sont, d'ailleurs, pour employer l'expression pittoresque d'un vieux maître « comme un natif besoin du discourir. » En voulez-vous une preuve? regardez cette enseigne :

« MAGASIN DE NOUVEAUTÉS.

Et dites si la synecdoque n'a pas ici usé et presque
abusé de son droit, quand elle accorde à un petit
nombre d'articles d'une disposition réellement *nouvelle*, l'honneur arbitraire de nommer l'asile qui
leur est commun avec une imposante majorité de
produits, dont l'âge de création s'échelonne jusque-
là de remonter aux jours des bibliques patriarches.
*Magasin de tissus, d'étoffes*, serait d'une acception
plus exacte, plus explicite même, mais moins allé-
chante peut-être, et dans notre siècle — je crois fort,
soit dit en passant, qu'il en fut toujours ainsi — la
vogue est à ce qui brille : la *montre* est reine. Or,
pendant que sur les rayons ombreux dorment roulés
les bonnes toiles et les confortables lainages qui,
exposés, n'obtiendraient pas un regard, à la montre
inondée de lumière se déploient, s'étalent, s'entre-
croisent, diaphanes, éclatants, diaprés, les *barèges*,
les *linos*, les *fantaisies*, qui, tout frais empreints du
dernier cachet de la mode, captivent l'attention, ex-
citent la convoitise, arrêtent le chaland. « De tout
cela, entendez-vous dire et répéter, il n'y en a que
pour un *déjeuner de soleil*. » Mais n'importe, l'effet
cherché est produit. Grâce aux *nouveautés*, vous
avez stationné devant la montre, le magasin est noté
dans vos souvenirs, vous saurez le retrouver, ne fût-
ce que pour l'emplette du plus humble ou du plus
antique tissu : et voilà sans doute comment il advient que le bazar aux étoffes de toutes sortes se

charge pour vous — et partant pour l'enseigne, laquelle est tenue de faire son métier d'enseigne intelligente — en MAGASIN DE NOUVEAUTÉS par excellence.

Quoi qu'il en soit, comme tout ce que nous saurions dire ne changerait rien à un état de choses qui, du reste, ne fait courir aucun péril à aucun intérêt notable, et qui peut, en outre, arguer des vénérables priviléges de la synecdoque, je suis d'avis que nous acceptions, sans le discuter davantage, le fait accompli, et que nous pénétrions dans la maison sans trop prendre garde à l'inscription de la porte.

Le seuil passé, aux environs du comptoir, qui est voisin de l'entrée par la même raison que les bureaux de douane sont voisins des frontières, nous sommes abordés par un homme mis avec une élégante et correcte simplicité, qui, après s'être suffisamment incliné devant nous, un engageant sourire sur les lèvres, s'enquiert du ton le plus courtois de l'objet de notre visite.

Cet homme, s'il n'est le chef de l'établissement lui-même, doit être au moins son plus fidèle et plus sûr représentant, car le poste qu'il occupe, et où il semble n'avoir d'autre souci que de distribuer en manière de passe-temps quelques banales formules de politesse aux entrants et aux sortants, n'est pas moins celle des charges de la maison qui exige le plus de sérieuses qualités réunies. Il doit, en effet, tout en paraissant exclusivement préoccupé de personnifier l'exquise urbanité, ne pas distraire un seul instant son attention de l'ensemble et des détails du mouvement qui s'opère autour de lui. Pilote sur qui repose le succès d'une complexe manœuvre, il faut que rien ne lui échappe de ce qui se passe, aussi bien à ce comptoir près duquel il gravite, qu'au fond des galeries où sa vue a peine à porter. Pour les clients, il n'a qu'un front sans rides, que des propos sans aspérités, que des regards d'une douceur inaltérable, et que des allures d'affable, d'indifférent rôdeur. Pour sa légion d'employés, toujours apparaît, comme empreint entre ses deux sourcils contractés, le grave souci de l'entreprise dont il assume sur lui la responsabilité; sa parole a la tranchante brièveté du commandement militaire; son coup d'œil aigu envoie au loin un stimulant rappel à l'activité, ou à l'attention; et s'il approche, ce n'est pas sans quelque appréhension qu'on le voit venir....

Toujours est-il que nous l'avons laissé attendant un mot de nous, pour s'empresser de nous indiquer le point de la maison où l'on peut répondre au désir que nous allons exprimer. Il se dispose même à faire avec nous, selon l'article qu'il nous entendra nommer, quelques pas dans telle ou telle direction, pour nous mettre aux mains de celui de ses subordonnés qui doit se consacrer exclusivement à la satisfaction de notre demande.

« Mille pardons, Monsieur, mais, quoique nous puissions en avoir l'air, nous ne sommes, rien moins que des clients.

— Ah ! » fait d'un air quelque peu désappointé l'homme aux courtoises manières.

Et comme vous êtes, je pense, parfaitement convaincue que ce n'était pas pour le platonique amour de nos beaux yeux que l'honnête marchand avait déployé un véritable luxe de salutations et de mines empressées, vous vous expliquerez sans peine que ma décevante déclaration ait eu pour effet de refroidir sensiblement son chaleureux accueil. Toutefois, comme on ne saurait sans en contracter l'heureux pli s'exercer sans cesse aux gracieux procédés, c'est avec la meilleure grâce du monde que, le premier mouvement de déconvenue maîtrisé, ce chef d'entreprise, oubliant sa qualité, se met en devoir de nous prouver que.

...pour être *marchand*, on n'en est pas moins homme,

et homme fort bien élevé : « Peu importe, reprendil, avec un empressement qui le cède d'autant moins à celui de tout à l'heure, que la question d'intérêt y reste, je crois, entièrement étrangère, s'il est en mon pouvoir de vous être agréable, Monsieur, Madame...

— Mon Dieu, Monsieur, vous voyez en nous des voyageurs qui... voyagent pour s'instruire.

— J'en suis charmé, Monsieur.

— Et notre façon d'étudier consiste à procéder par voie d'enquête...

— Comme on dit dans le monde judiciaire ou administratif, fait observer le négociant, qui sans doute n'est pas fâché de laisser entendre qu'il ne vit pas aussi reclus que nous pourrions le croire dans son absorbante spécialité.

— En effet, Monsieur. Or, voulant actuellement diriger nos investigations vers la grande industrie des tissus, nous avons pris la liberté de venir vous demander...

— Des renseignements sur le mécanisme du commerce de détail des nombreux produits de cette industrie. En ce cas, Monsieur, vous ne pouvez mieux vous adresser ; car notre maison... (Bon ! voilà l'homme parti et le marchand revenu !) notre maison, tant au point de vue de l'importance des affaires qu'au point de vue des résultats obtenus, peut vous offrir le modèle des établissements renommés pour le nombre, la qualité, le bon goût des assortiments, en même temps que pour la modicité des prix. »

— J'en suis convaincu, Monsieur, mais... »

Il ne m'entend pas, il continue : « Beaucoup de concurrents se vantent d'acheter en fabrique, à qui pourtant les marchandises n'arrivent que grevées par le prélèvement de deux ou trois commissionnaires : tandis que nous avons, nous, réellement des relations directes avec les centres manufacturiers, ce qui nous permet d'établir nos tarifs avec une forte moyenne de réduction, et par conséquent de faire profiter nos clients d'un notable avantage.

« — Je m'explique alors, Monsieur, la préférence qui est généralement acquise à votre maison ; mais...

— Et vous comprenez aussi, Monsieur, que le fait d'un rapide écoulement motivant le renouvellement presque quotidien de nos fonds de marchandises, il s'ensuit que le public est assuré de trouver toujours chez nous des articles frais, et du dernier choix.

— C'est incontestable, Monsieur, toutefois...

— Ajoutez, Monsieur, que la disposition d'un imposant capital, clair et liquide, nous permettant de traiter la plus grande partie de nos achats au comptant, — j'entends le comptant commercial : trente jours au lieu de quatre-vingt-dix — outre que nous bénéficions de l'escompte, qui est à considérer quand on opère sur un chiffre considérable, nous avons en mainte occasion la chance d'excellents marchés à faire de première main. Et il va de soi que notre clientèle n'est pas sans bénéficier de cette situation vraiment exceptionnelle.

— Je n'en doute point, Monsieur ; mais, s'il vous plaît... »

Mais notre marchand qui tient le dé, n'entend pas, à ce qu'il paraît, s'en dessaisir pour si peu.

Laissons-le donc faire : charbonnier est maître chez lui.

« L'exposé d'une autre différence essentielle qui existe entre nous et nos concurrents — reprend-il aussitôt — achèvera de vous démontrer combien sont réels les avantages que nous pouvons offrir aux acheteurs. Je veux parler de la supériorité d'organisation et de fonctionnement du personnel, laquelle se traduit encore par une large réduction des frais généraux. Mais une différence ne pouvant être rendue sensible que par la comparaison, je dois tout d'abord vous faire connaître l'ordre généralement adopté ailleurs.

« Dans la donnée commune d'une maison de quelque importance, l'ensemble des produits mis en vente est divisé en huit ou dix *rayons*, ou groupes d'articles offrant une analogie, sinon par la qualité, au moins par l'emploi. Ainsi, le rayon *Indiennes* comprend, avec les étoffes de coton imprimées, les *organdis*, les cotonnades, les toiles de Vichy. Le rayon *Châles* reçoit, en même temps que les cachemires vrais et les *Ternaux*, les mantelets, les écharpes pour dames. Au rayon *Meuble* figurent, à côté des damas et des *perses*, le velours d'Utrecht et la moquette. Sur le rayon *Soieries* se rangent, à la suite des moires, les satins, les *poults*, les taffetas et aussi les velours-coton. Tout ce qui est *lainage*, depuis l'épais mérinos jusqu'aux plus légers *poils de chèvre*, prend place au rayon *Fantaisie*. Le rayon *Blanc de fil* comporte presque exclusivement le linge de corps et de table ; tandis que le rayon *Blanc de coton* contient les calicots, les madapolams, les nansoucks, les jaconas, les mousselines unies et brodées, les guipures. Je vous ai nommé les principaux rayons. A la tête de chacune de ces subdivisions, qui sont dans le magasin ce que sont les ministères dans un gouvernement, se trouvent autant de *chefs de rayons*, qui tiennent auprès du patron la place des ministres auprès du souverain. Le chef de rayon est à la fois capitaine et ambassadeur : capitaine en ceci, qu'il a le commandement absolu et discrétionnaire de la compagnie qui opère la vente sous son impulsion, et aussi sous sa responsabilité ; et ambassadeur en cela, qu'après inventaire quotidiennement dressé de l'approvisionnement de son rayon, il est encore chargé, avec plein pouvoir, d'aller effectuer au dehors les achats qui doivent réparer les brèches faites par les clients. Aussi, comme souvent il lui arrive d'être en course pendant la majeure partie de la journée, délègue-t-il à un lieutenant d'une constante stabilité la direction du service de vente. Celui-là prend le titre de *Second*. D'ailleurs pour le Second, aussi bien que pour les *Troisièmes* et *Quatrièmes*, qui se confondent sous le titre de *commis,* le chef de rayon est un *Premier*. C'est le Premier qui les enrôle et les congédie ; le patron ne fait qu'approuver les conventions. Les diverses classes de commis ont pour ligne de démarcation le chiffre des appointements qui se mesurent au mérite plutôt qu'à l'ancienneté. Les jeunes gens débutent *au pair*, c'est-à-dire sans émoluments, mais toujours nourris et logés; car c'est une condition générale que la table et l'abri soient donnés aux employés. La journée commençant à 7 heures et demie du matin pour finir à 10 heures du soir, est coupée de deux repas pour lesquels on accorde de 30 à 35 minutes. C'est, je dois vous le faire remarquer en passant, les seuls instants où les employés soient autorisés à s'asseoir; mais, dans les maisons qui ne ferment pas le dimanche, ils ont ordinairement un jour de sortie par quinzaine. Quant aux appointements, ils varient depuis 400 francs, qui est le taux des nouveaux salariés, jusqu'à 5 et 6,000, moyenne qu'atteignent les *chefs de rayon*, mais que souvent ils dépassent, soit par attribution directe, soit par le fait d'un intérêt qui leur est alloué sur le chiffre des affaires, ou plutôt des bénéfices. On vous en cite qui touchent jusqu'à 15 et 18,000 francs, ce qui revient à dire que la réunion des huit ou dix chefs de rayons d'un grand établissement constitue un état-major qui, s'il rend les plus éminents services à l'entreprise, ne laisse pas que de devenir singulièrement onéreux à son budget.

« Quoi qu'il en soit, tel est à peu près le système suivi dans toutes les maisons considérables. Mais nous avons pu, nous, grâce surtout à ce qu'un rare hasard, un vrai coup de fortune, a fait que nous nous sommes rencontrés trois associés, joignant chacun à des aptitudes particulières un besoin extrême de vigilance et d'activité, nous avons pu, dis-je, apporter à ce régime plusieurs modifications capitales. Ainsi, Monsieur, dans notre maison.... »

Ici le marchand qui, tout en s'entretenant avec nous, n'a pas cessé un instant d'exercer, près et loin de lui, sa rigoureuse surveillance, ici le marchand s'interrompt : « Veuillez m'excuser : l'apparition du maître me semble être urgente là-bas. Une minute, et je suis à vous. »

Et il s'éloigne.

Je ne sais pas, Madame, si vous avez pris quelque intérêt aux détails qui viennent de nous être donnés, mais je puis vous affirmer que mon intention, en vous amenant ici, n'était nullement de les obtenir; et vous l'auriez bien vu, si ce trop obligeant orateur m'eût laissé le loisir de formuler en entier ma demande. Mais le voici qui revient et s'apprête sans doute à reprendre une démonstration qui, à mon avis, est un peu trop exclusivement professionnelle. Je vais tâcher de l'enrayer sur cette voie où nous l'avons, je crois, suivi déjà trop longtemps.

Il nous aborde de nouveau :

« Je disais donc, Monsieur et Madame, que... »

— Pardon, Monsieur, mais madame et moi nous comprenons que nous ne saurions prendre davantage votre temps, sans qu'il en résulte pour vous un préjudice que nous nous reprocherions vivement d'avoir causé. Ce n'est pas d'ailleurs sans regret que nous renonçons au plaisir d'entendre jusqu'au bout une argumentation, qui, pour la rendre plus évidente, ne ferait pas plus certaine à nos yeux l'incontestable supériorité de votre maison. Permettez-moi donc de restreindre à une seule et *dernière* question l'importunité que, jusqu'ici, vous avez bien voulu subir avec une si indulgente courtoisie.

— Qu'à cela ne tienne, Monsieur; je suis prêt à répondre à toutes les questions qu'il vous plaira de m'adresser.

— Oh! une seule. Je désirerais qu'une bouche autorisée comme la vôtre daignât faire connaître à madame le nombre et le nom des matières premières qui servent à la confection des tissus réunis dans un magasin tel que celui où nous sommes.

Le marchand fronce le sourcil d'un air méditatif, pour ne pas dire embarrassé. Ne lui serait-il pas encore arrivé de s'adresser à lui-même cette question, aussi simple cependant que naturelle? Je n'en voudrais point jurer. — Bientôt, toutefois, son front s'éclaircit.

«Mon Dieu, Monsieur, c'est en faisant de tête la revue des rayons que nous pouvons le savoir, » dit-il, ce qui équivaut à nous avouer qu'il n'a jamais songé à passer cette revue pour son propre compte.

« Eh bien, Monsieur, si vraiment ce n'était pas trop abuser...

— Comment donc, Monsieur, comment donc!.. »

Et le voilà qui, silencieux, l'œil à demi fermé, paraît se livrer à un travail d'exploration mentale de ses domaines. De temps en temps il ouvre avec l'index de sa main droite un des doigts de sa main gauche, qu'il avait mise fermée à hauteur de sa poitrine. Quand il ne reste plus à cette main un seul doigt plié :

« Eh bien, mais! s'écrie-t-il, du ton de l'homme qui s'attendait peut-être à un résultat différent de celui qu'il vient d'obtenir, je n'en trouve réellement que cinq.

—C'est qu'évidemment, Monsieur, il n'y en a pas davantage.

— En effet, pas davantage. Cinq, ni plus ni moins.

— Qui sont, s'il vous plaît? »

Il referme alors ses cinq doigts, qu'il rouvre successivement, en faisant tout haut la récapitulation qu'il avait préalablement faite tout bas : « *La soie*, un ; *la laine*, à laquelle j'adjoins naturellement les poils de chèvre ou d'alpaca, deux ; *le chanvre*, trois ; *le lin*, quatre ; *le coton*, cinq. — Et c'est bien tout, Monsieur.

— Alors, Monsieur, il ne nous reste plus qu'à

vous prier d'agréer nos vifs remercîments pour le bienveillant accueil que nous avons eu l'avantage de trouver auprès de vous.

— Croyez, Monsieur et Madame, que tout l'avantage a été pour moi.

— Ah ! Monsieur !... »

Là-dessus, révérences et salutations multipliées. Et nous voilà dehors.

Ainsi, Madame, vous l'avez bien entendu, et vous reconnaissez, je pense, le tenir de bonne part : cinq éléments constituent à eux seuls la matière première du grand nombre d'articles que met en vente le *marchand de nouveautés*.

Ces éléments, d'où viennent-ils ? comment se produisent-ils, et quelle suite de soins, de travaux exige leur multiple transformation ? — C'est ce que nous allons chercher à voir, à savoir ; et voilà seulement que notre véritable voyage commence.

# III



Un printemps — je pouvais avoir alors une douzaine d'années, — ma mère, originaire d'une ville de Provence, fut appelée, pour le règlement de quelque importante affaire, à séjourner pendant cinq ou six semaines dans son pays natal. Elle m'avait emmené avec elle, non pas, bien entendu, pour me confiner tout ce temps-là dans la vieille cité, qui ne pouvait m'offrir que de maigres distractions.

Dans un hameau distant de la ville d'environ deux lieues, habitait une famille de braves gens, parents éloignés, mais amis sincères et dévoués, à qui elle avait résolu de me confier. Et Dieu sait que ce projet de villégiature me souriait fort. Un matin donc, nous partons (sans avoir prévenu, pour qu'on ne se confondît pas en préparatifs de réception), moi juché sur le bât d'un roussin de louage, que ma mère suivait à pied, et sur la croupe insensible duquel

elle frappait de temps à autre du bout d'un fouet
dont l'avait armée le maître de l'animal.

Quand nous arrivâmes en vue de la maison, la
cousine Jayard, une grosse et sympathique commère,
était justement assise, tricotant, à côté du seuil.
Elle nous reconnut ; et aussitôt de se lever, et d'ac-
courir en poussant, avec toute la bruyante faconde
méridionale, les plus franches exclamations de joie.
Et ma mère, pour faire honneur à cet accueil, de
vouloir s'élancer au cou de la bonne femme, mais
celle-ci, formant vivement de ses deux bras une sorte
de cercle protecteur au-devant de sa poitrine re-
bondie :

« Attends, mie, attends. Embrassons-nous doucement, je te prie. »

Alors ma mère de la considérer surprise.

Et la cousine de reprendre avec une gravité qui
n'était pas de la froideur : « C'est que, vois-tu, je
couve.

— Vous couvez?

— Oui, les *magnans*, tu sais bien.

— Ah oui! je sais, » fit ma mère, qui semblait en
effet avoir parfaitement compris le sens de ces paroles, tandis que je cherchais vainement à le trouver, moi qui n'avais jamais ouï rapporter le soin de
l'incubation qu'à des bipèdes dont les dehors et la
voix de ma grosse cousine ne me rappelaient ni le
plumage ni le ramage. Presque aussitôt : « En vé-

rité, reprit ma mère, j'aurais dû y penser : et voyez comme j'avais mal calculé, moi qui comptais vous laisser ce gaillard — elle me désignait — pendant au moins un mois. Je vais me hâter de le remmener.

— Le remmener, pécaïre! Et pourquoi, s'il te plaît? demanda la cousine.

— Parce que je n'ignore point ce qu'il en est d'une ferme de Provence à l'époque des *magnans*. Ce n'est pas le moment de vous donner un embarras de plus.

— Comment! comment! cria le cousin Jayard, un petit homme tout sec, tout nerveux, tout bronzé, qui arrivait la face épanouie, — le remmener, ce filiot. Ah! par exemple, je voudrais bien voir ça. Que tu ne restes pas, toi, Madame, je le comprends; car nous ne pourrions guère te faire honneur; mais, pour le petit, c'est autre chose; les enfants s'amusent de tout et s'accommodent de tout. Laisse-le. Il sera avec ses cousins et cousines, il ira à la feuille, il *garnira*, il verra grandir, dormir les bêtes, il *encabanera*, *déramera*... que sais-je? Ça lui sera nouveau. Il ne s'ennuiera pas, j'en suis sûr, et nous tâcherons qu'il ne pâtisse pas trop, encore que ce soit le temps où l'on ne fait guère de cuisine. Si vers la fin, il arrive que les *magnans* lui prennent sa chambre, car cette année, nous *faisons quatre onces*, sois tranquille, il ne couchera pas pour cela sur la dure... »

Bref, en dépit de toutes ses protestations, ma mère dut s'en retourner seule, et je restai, enchanté d'aider à faire les *quatre onces*, ou plutôt d'avoir l'explication d'une suite de locutions insolites qui, en étonnant mon oreille, n'avaient pu qu'éveiller la plus complète curiosité dans mon esprit.

J'inaugurai presque aussitôt mes fonctions en compagnie d'une de mes cousines qui m'emmena à *la feuille*. Chemin faisant, cela va sans dire, mon premier soin fut de lui adresser mainte question touchant ces *magnans* que je voyais être l'objet de la préoccupation générale, non-seulement chez le cousin Jayard, mais encore dans toutes les habitations où la jeune fille me faisait entrer, sans doute pour montrer aux voisins le nouvel arrivé. Elle me traduisit d'abord cette dénomination toute locale de *magnans* par celle de *vers à soie*, beaucoup plus intelligible pour moi. Elle m'apprit que les quatre onces dont avait parlé son père représentaient le poids des graines ou œufs (1), dont sa mère était en train de provoquer l'éclosion, en les portant le jour sur sa poitrine dans un petit sachet ouaté, que la

(1) Le terme de *graines*, quoique singulièrement impropre, a généralement prévalu, même dans le langage technique et officiel, comme on a pu le voir naguère par une discussion qui s'est élevée au sein du Corps législatif, où l'on demandait que le Gouvernement parât aux mécomptes et aux souffrances de l'industrie séricicole, en établissant un contrôle sur la nature et la provenance des *graines* de vers à soie.

nuit elle déposait entre deux oreillers, dans son lit, à côté d'elle.

Or, comme il y avait sept ou huit jours que la cousine Jayard couvait, et que le matin, en examinant la graine, elle avait compris, à un changement de couleur particulier, que les vers ne pouvaient tarder à éclore, elle avait envoyé sa fille faire la première cueillette de feuilles pour la nourriture des myriades d'individus qui, pendant quatre ou cinq semaines, devaient exclusivement absorber l'attention et le labeur de toute la famille.

Arrivés au milieu d'un petit quinconce de jeunes plants de mûriers, nous nous mîmes à cueillir des bourgeons plutôt que des feuilles, car, à peine ces arbrisseaux devaient-ils être entrés en végétation depuis quelques jours. Et, comme je m'étonnais qu'on n'attendît pas que la feuille fût plus développée : « C'est ainsi qu'il la faut, me répliqua ma cousine ; jeune est la feuille, mais jeunes aussi sont les petites dents des magnans ; si elle était plus âgée, ils n'y pourraient pas mordre. D'ailleurs la règle est de mettre les vers à l'éclosion quand on voit les boutons des mûriers s'ouvrir, de façon que le manger croisse et prenne de la force en même temps que les mangeurs. »

Quand elle nous vit rentrer avec notre petit sac plein de verdure, la cousine Jayard s'approcha d'un poêle de faïence, qui entretenait dans la chambre une température tiède et régulière, tandis qu'au dehors se faisaient encore sentir les variations printanières. Elle s'assit, tira du devant de sa casaque un sachet qu'elle entr'ouvrit et dans lequel elle regarda. Puis elle dit : « Vite! vite! les voilà éclos : un châssis et des papiers! »

On lui donna aussitôt un petit cadre de bois supportant un léger réseau de fil de fer, qu'elle couvrit d'une feuille de papier blanc, sur laquelle elle versa le contenu du sachet, c'est-à-dire quelque chose que je pris tout d'abord pour un monceau de bouts de fil, haché menu, noirâtres, velus, se tordant, se démenant.

Avec la barbe d'une plume, elle étala doucement dans le fond du châssis cette multitude mouvante ; puis elle posa au-dessus une autre feuille de papier, mais celle-ci criblée à l'emporte-pièce de mille trous à passer un pois.

Puis, par-dessus tout cela, elle éparpilla une mince couche de bourgeons de mûrier ; elle mit le châssis sur deux chaises devant le poêle, et elle vaqua à d'autres soins.

Mais, moi, je restai en observation près du châssis.

A peine quelques minutes s'étaient-elles écoulées, que je pus voir une légion de vermisseaux gris-noir montant à l'escalade par les criblures du papier, et envahissant les feuilles de mûrier, qu'ils attaquèrent sans plus tarder en les sciant, pour ainsi, dire par la tranche.

Au bout d'une demi-heure environ, la cousine revint, qui, prenant par les deux bouts la feuille de papier couverte de chenilles occupées à faire leur premier repas, les transporta sur une autre claie. Puis elle étendit sur la première, où grouillait une couche de vers encore épaisse, un nouveau papier criblé qu'elle chargea d'une nouvelle quantité de feuilles de mûrier, qui furent bientôt envahies à leur tour... Et ainsi de suite à quatre ou cinq reprises, c'est-à-dire jusqu'à ce qu'il ne restât plus sur le papier qui avait reçu le contenu du sachet, que quelques œufs morts ou en retard d'éclosion, et un certain nombre de chenilles plus indolentes ou plus chétives que les autres, — qui furent mises à part pour recevoir des soins exceptionnels : — quelque chose comme l'ambulance de l'armée.

Cette façon d'imposer à ces petits animaux l'obligation d'aller chercher leur nourriture en se glissant comme de vrais acrobates par les trous du crible, ne laissa pas que de me paraître étrange ; mais on m'eut bientôt fait entendre que c'était un moyen imaginé pour éviter de blesser les vers en les maniant, quand on voulait, ou plutôt quand il fallait les *déliter*, c'est-à-dire les débarrasser de la litière dont le contact et les émanations ne pourraient que leur être funestes.

2.

L'invention, il m'en souvient fort bien, me parut très-ingénieuse, et, quoique pendant le temps de l'éducation le fait se renouvelât un grand nombre de fois, je sais que ce fut presque toujours avec le même intérêt que je remarquai la docile et intelligente gymnastique de ces bestioles qui, commandées par un vigoureux appétit, se livraient avec un surprenant ensemble au même exercice.

La noire peuplade fut installée dans une grande chambre garnie en entier d'un système de bâtis faisant rayonnage, pour supporter les claies qui étaient là en grand nombre, et sur lesquelles les élèves devaient être répartis à mesure qu'ils grossiraient et partant demanderaient à occuper plus d'espace.

Dieu sait que s'ils allèrent vite à augmenter de volume, ce ne fut pas, comme on dit, sans y prendre quelque peine. Toutes les deux ou trois heures, pendant les premiers jours, on leur donnait de nouvelles feuilles, ce qui leur faisait de dix à douze repas par jour, ou si vous aimez mieux un repas continuel. Convenez qu'on grandirait à moins, pour peu qu'on fût doué d'une puissance de digestion, d'assimilation, en rapport avec cette incessante consommation.

Le quatrième jour cependant je remarquai qu'on ne procédait plus qu'à de très-rares distributions. On me fit en outre observer que la voracité et l'activité de nos petits pensionnaires étaient singulièrement ralenties. Ils grimpaient bien encore à la surface des feuilles, mais c'était pour s'y camper, le bas du corps cramponné, immobile, tandis que leur tête, levée comme pour humer l'air, faisait de temps à autre quelques mouvements saccadés, que je pourrais définir un bercement intermittent et brusque. Je demandai ce que signifiait ce manége. « Ils dorment, me fut-il répondu.

— Ah! pardienne! m'écriai-je, drôle de façon de dormir que d'avoir ainsi le cou tendu et le nez au vent; c'est moi qui ne me reposerais guère si je me tenais de la sorte; mais quand se réveilleront-ils ?

— Demain. »

Le lendemain en effet, quand je rentrai dans leur chambre, je revis tous mes gaillards broutant de plus belle. Mais, outre qu'ils avaient passé de la torpeur à l'animation la plus vive, une véritable transformation physique s'était opérée, qui me les rendait méconnaissables. J'avais laissé un magnifique assortiment de négrillons poilus ; je me retrouvai devant un peuple glabre et jaunâtre. « Ah ! c'est qu'ils ont quitté leur première peau, » me dit la cousine Jayard ; et, pour que la véracité du fait, qui me semblait douteux, me fût bien démontrée, elle attira mon attention sur quelques retardataires qui, encore à demi recouverts de la sombre livrée natale, qu'ils avaient fixée par quelques fils visqueux aux corps environnants, se secouaient, s'étiraient pour en sortir. J'en vis qui, impuissants à déchirer cette enveloppe, devaient y périr étouffés. (D'ailleurs, il en est ainsi, paraît-il, de la plupart des insectes, pour qui le passage d'un état à l'autre constitue presque toujours une sorte de période morbifique très-grave, et en tout cas un état de grandes souffrances.)

Quoi qu'il en fût, l'appétit de ceux qui avaient franchi le pas dangereux sans encombre allait son train, et, comme ils croissaient rapidement, on devait en même temps augmenter leur ration quotidienne, et les espacer davantage.

Toutefois, il ne fallait encore chaque jour que quelques livres de feuilles, dont tels ou tels de la maison opéraient facilement la cueillette; et, bien que le nombre des claies eût beaucoup augmenté, la mère Jayard ou l'une de ses filles suffisait encore sans peine à distribuer la pâture ou à déliter. Mais, au bout de quatre autres jours, la grande famille au fauve vêtement s'endormit de nouveau, pour se réveiller le lendemain dans un surtout d'un blanc mat et opalin, et pour se remettre à dévorer d'importance.

Dès ce moment l'avitaillement et le soin de tout ce petit monde aux dents infatigables commencèrent de devenir une besogne pour ceux à qui la tâche en incombait. Et ce fut bien autre chose après le troisième sommeil. Alors il fallut voir, je ne dis pas la maison du cousin Jayard, mais le pays tout entier. Alors, pendant que les mères de famille, les filles aînées, les servantes de confiance, confinées dans les chambres que les vers emplissaient, se relayaient pour garnir, déliter, *dédoubler*, partout au dehors on ne voyait qu'hommes, garçons, jeunes filles, enfants, cueillant de la feuille, portant de la feuille, allant chercher de la feuille. Partout contre les arbres des échelles, partout des gens avec des sacoches de toile en bandoulières, partout des têtes dans les rameaux qu'on dépouillait en les faisant glisser dans la main serrée.

Si les *magnanarelles* — comme les appelle Mistral, dans *Mireille* — perchées sur les branches et les échelles, disaient les jolies chansons que leur prête le poète, je n'en voudrais pas répondre ; mais je sais bien que c'était une animation, une gaîté sans exemple. Et je sais aussi qu'en se rencontrant dans les chemins, en se voyant sur le pas des portes, en se reconnaissant d'un arbre à l'autre, on s'interrogeait avec un intérêt bien senti de la santé, du progrès des *magnans*. On ne s'asseyait guère pour manger, et l'on ne songeait guère à dormir que la provision ne fût faite.

Et pourtant ce n'était pas encore la grande poussée, comme me dit le cousin Jayard : — « Tu verras, petit, tu verras à la *briffe*. »

La *briffe*, qu'on appelle aussi la *frèze;* c'est lorsque, après leur quatrième mue, les chenilles arrivées, si l'on peut ainsi dire, à l'état adulte, se prennent à faire ce que j'oserais appeler leur festin suprême, puisque l'ayant achevé, elles ne songeront plus qu'à s'enfermer dans un véritable linceul pour ressusciter à la vie ailée.

Quand vint la briffe, ce ne fut plus dans une, deux, trois chambres que s'étagèrent les claies, il y en eut dans toute la maison, et jusque dans les moindres endroits où le rayonnage pouvait s'établir. Figurez-vous donc cette maison pleine de chenilles blanches, longues et grosses à peu près comme votre petit doigt, d'un froid de marbre au toucher, portant une petite corne recourbée sur le dernier anneau, et jouant des mâchoires avec un tel entrain, que le broiement des fibres entre leurs dents produisait un bruit semblable à celui du grésil que le vent chasse contre un vitrage (1). Qu'il me suffise de vous dire que cette multitude qui, à l'origine, pouvait être rassasiée avec une ou deux livres de feuilles par jour, en absorbait alors plus d'un quintal, et cela pendant près d'une semaine, et vous devrez vous imaginer l'activité, l'attention réclamée des hommes, des femmes, chargés de fournir, de répartir cette vic-

(1) Il m'a été dernièrement donné d'entendre de nouveau ce bruit particulier, en traversant, à Amiens, la magnifique promenade de la Hotoie, dont les arbres se trouvaient alors livrés à des myriades de chenilles processionnaires, qui justement étaient en pleine *briffe*. C'était comme un sussurement dans les branches. Ah ! les pauvres arbres !

tuaille, et d'entretenir dans un état de parfaite net-
teté le théâtre de ces exploits gloutons; mais vous
ne vous figurerez pas encore à quelles minuties, à
quelle sollicitude d'ensemble et de détails les servants des vers se trouvent astreints. Il leur faut —
comme d'ailleurs pendant toute la durée de l'éducation — entretenir, régler la chaleur, l'aération,
compter les repas, procéder à propos au dédouble-
ment des lits, être en éveil contre les maladies qui
peuvent se déclarer, et au besoin y opposer le remède
préventif ou curatif. Il leur faut traiter, nourrir à
part les retardataires, les traînards, les éclopés... que
sais-je?... Pendant cinq ou six jours, voyez-vous,
nul dans le pays ne s'appartient; corps et âme, chacun est aux *magnans*. On ne se relaie plus; il faut
tout le monde au travail. On dormira, on mangera
plus tard; maintenant c'est de faire vivre les *magnans* qu'il s'agit; tout le reste est négligé, oublié.
Et, pendant qu'au logis on veille, on s'évertue, on
s'inquiète, qu'est-ce qu'il en doit être au dehors?

Ah! c'est alors que le dépouillement d'un mûrier,
même de la plus grande envergure, est bientôt opéré.
On l'attaque à deux, à trois, à quatre, à dix. Des
plantations entières se dénudent par enchantement.
On s'y croirait en plein hiver.

Il y a bien par ci, par là, des gens qui tombent des
échelles, à qui le pied glisse sur les branches, et qui
se rompent des bras, et qui se foulent des jambes;

mais le cas est prévu : pas d'expédition sans blessés. On emporte en hâte le maladroit, dont le médecin fait son affaire ; et l'on retourne à la feuille d'autant plus vite que cet incident a causé une perte de temps, car les *magnans* ne peuvent attendre. S'ils attendaient, la récolte, le revenu capital de l'année serait compromis. Le *magnan* est le souverain, le despote ; le *magnan* commande, *le magnan* est seul obéi... — C'est la *briffe*.

Mais revenons aux Gargantuas du cousin Jayard. Vers le quatrième jour leur voracité commença de s'apaiser considérablement ; le lendemain on n'entendait plus le moindre bruit de mandibules en travail. Nos mangeurs, définitivement rassasiés, dédaignaient la feuille sur laquelle ils se traînaient, lourds, indolents, comme des Sybarites au sortir d'une longue orgie... Peu à peu leur peau d'un blanc mat tourna de nouveau au jaunâtre, et leur corps, qui diminuait de volume en tous sens, prenait insensiblement une sorte de transparence. En les regardant devant les rayons d'une lampe, comme on me les fit voir, vous eussiez dit autant de petits boudins de gélatine safranée. C'était de soie à l'état liquide, glutineux, que tous étaient pleins. Si j'avais pu en douter, une expérience ou, mieux une petite opération suffisamment cruelle qu'exécuta devant moi un des jeunes hommes de la maison, m'en eût fourni la preuve. Celui-là était pêcheur à la ligne passionné, et il s'agissait pour lui de renouveler une de ses provisions d'engins. Il planta d'abord sur une planche deux fortes épingles à la distance d'un demi-mètre environ. Puis il prit par les deux bouts une chenille qu'il rompit par le milieu ; et, écartant lentement les mains, il étira, fila, si je puis ainsi dire, la matière qu'elle contenait et qui s'allongeait ductile et consistante, jusqu'à ce qu'il pût tortiller une des extrémités du *fil* ainsi obtenu autour de chacune des deux épingles ; et il le laissa sécher ainsi tendu.

Quand il eut procédé de la sorte avec un certain nombre de chenilles, il se trouva en possession d'une petite botte de ces fils auxquels les pêcheurs fixent leurs hameçons, et qui ont pour eux le double mérite d'être à la fois résistants presque à l'égal du fer, et translucides comme l'eau, au milieu de laquelle le poisson ne saurait les distinguer.

« Crins de pêche, crins de Florence : » c'est le nom qu'on donne vulgairement à ce produit ; mais combien qui l'emploient chez qui cette dénomination doit faire naître l'idée de quelque volumineux animal, qu'on en aurait dépouillé sans qu'il eût beaucoup à souffrir, tandis que ces *crins* ne rappellent rien moins que le supplice de l'écartèlement infligé à autant de pauvres petites créatures, qui étaient loin de penser qu'elles amassaient pour une telle fin leur fluide et brillant trésor... Mais ne prodiguons pas notre pitié à ces quelques victimes isolées ; nous pourrions en être à court tout à l'heure.

Les vers se promenaient donc pesamment, tout en devenant diaphanes, et, comme ils ne mangeaient plus, ni ne devaient plus manger, et que, par conséquent, il n'y avait plus de cueillettes à faire, je crus que tous ces gens littéralement rendus de fatigue allaient pouvoir respirer un peu. Mais voilà que bientôt nos engourdis se mirent à se démener comme des possédés. Ils allaient, venaient à grands pas, si j'ose dire ainsi, tournaient sur eux-mêmes, secouaient la tête, levaient le museau, cherchaient à terre, à droite, à gauche, en l'air, se dressaient, retombaient; et l'on pouvait voir que, tout en se livrant à ces évolutions, ils jetaient autour d'eux quelques fils, qui pendaient de leurs lèvres comme une fine barbiche blonde. Et alors la mère Jayard de crier : « Leste, leste, mes enfants! encabanons, c'est le moment, encabanons! »

On n'avait pas d'ailleurs attendu jusque-là pour apporter dans toutes les ruelles des rayonnages des brassées de bruyères et de genêts secs, à l'aide desquels les hommes, les femmes se prirent aussitôt à former, en les cintrant, en les arc-boutant entre chaque étage de claies, des espèces de galeries branchues de huit à dix pouces d'ouverture environ, et sur le sol desquelles les vers furent répartis par troupes à peu près égales.

Nous, les enfants, nous avions pour mission de

fournir de matériaux les constructeurs de ces nombreux tunnels de ramures ; et Dieu sait qu'ouvriers et servants se hâtaient, s'actionnaient à l'envi !

Comme pour ma part j'essuyais mon front baigné de sueur, car il faisait ce jour-là une de ces chaleurs suffocantes que parfois dans le midi on ressent dès le milieu de mai : « Allons, petit, encore un peu de courage — me dit le cousin Jayard, tout affairé à son importante besogne — tantôt tu te reposeras, et pendant huit jours tu n'auras plus rien à faire, sinon à regarder monter les vers, si ça t'amuse. »

Les galeries terminées, je pus voir en effet que chacun s'en allait d'ici, de là, pour savourer les loisirs qui enfin lui étaient faits. Moi, je restai dans la salle principale, où un spectacle tout nouveau me retenait, car presque aussitôt, aux brindilles d'arbrisseau qui formaient les parois des galeries, grimpèrent, se suspendirent des bandes, des processions de vers qui, après s'être installés dans quelque enfourchure, commencèrent à tendre à droite, à gauche, au-dessus, au-dessous d'eux, tout un enchevêtrement de fils, au milieu desquels ils se mouvaient avec une sorte de grave lenteur.

Deux ou trois heures plus tard, quelques-uns d'entre eux n'apparaissaient même déjà plus que comme de mystérieux personnages, se dodelinant dans un large palanquin de gaze dorée. Puis, peu à peu, fil à fil, la gaze s'épaississait, et l'espace où le fileur se balançait allait se restreignant... Et ils étaient environ cent cinquante mille (1) qui, avec plus ou moins d'avance les uns sur les autres, se berçaient avec la même cadence, s'enveloppaient des mêmes voiles.

Les bras pendants, la bouche béante, l'esprit ravi, je ne me trouvais pas assez de regards pour contempler tous ces silencieux et méthodiques artisans. Mais soudain rentra, la mine singulièrement inquiète, le cousin Jayard qui, allant à sa femme profondément endormie sur une chaise, la tête appuyée au bord d'un des rayons, et lui posant une main sur l'épaule : « Dis donc, Jeanne, fit-il, d'un air effaré, voilà que le ciel est tout noir du côté d'en bas, j'ai grand'peur que ce ne soit quelque orage qui s'amasse.

— Un orage, mon Dieu ! s'écria la bonne femme qui se leva, et parut livrée à une véritable épouvante, un orage, est-ce possible ? »

Moi je dis : « Eh bien! s'il fait de l'orage, il pleuvra ; et s'il pleut, ça rafraîchira le temps ; et ce ne sera pas dommage, car la chaleur est vraiment trop forte. »

Alors, me frappant doucement sur la joue. « Pauvre petit, me dit d'un ton d'indulgente ironie le cousin Jayard, qui riait péniblement, tu ne sais pas, toi, qu'un orage peut faire *tomber* les magnans,

(1) On compte que 3o grammes d'œufs donnent de 35 à 40,000 vers.

et être cause que toutes nos dépenses de travail et d'argent soient perdues. « Puis, s'adressant à sa femme : « Viens voir ; tu jugeras. »

Ils sortirent. Je les suivis.

Devant la maison, sur une espèce de terrain vague, qui était comme la place publique du hameau, nous trouvâmes une nombreuse réunion de gens qui tous avaient les yeux anxieusement fixés sur un point de l'horizon où montaient, lourdement accumulés, de houleux flocons d'un gris plombé. Autour de nous l'atmosphère était d'une immobilité morne et pesante, mais au loin, sur la crête du coteau, on pouvait voir les oliviers échevelés par la tourmente.

Bientôt un grand zigzag éblouissant raya la sombre masse, et un sourd grondement s'entendit.

« Ah ! c'est l'orage ! c'est l'orage ! » firent les hommes, qui branlaient piteusement la téte.

« Jésus ! bonne Vierge ! ayez pitié de nous ! » soupirèrent les femmes en se signant.

Et tous ces gens se dispersèrent pour rentrer dans leur maison, où peut-être il allait leur être donné de voir toutes leurs espérances de la saison réduites à néant, par une force contre laquelle aucune lutte n'était possible.

On avait déjà arrosé le plancher de toutes les chambres, pour que la lourde chaleur qui régnait fût un peu conjurée. On tira en hâte les matelas des lits, on les suspendit, on les appliqua devant les fenêtres, dans l'espoir sans doute d'assourdir à l'intérieur les bruits du dehors, ou d'intercepter les vibrations de l'air, auxquelles était attribué un effet funeste aux petits ouvriers.

Avec quelle ardeur désespérée jeunes et vieux s'étaient remis à la besogne!... Précautions bien superflues cependant, car, à peine cette installation était-elle achevée, qu'une forte détonation ayant retenti, on vit aussitôt çà et là maint travailleur choir du cintre des galeries, ou s'affaisser inerte dans le réseau si activement ébauché. On eût dit que l'on secouât des arbres chargés de fruits mûrs.

A cet instant il y eut même comme un arrêt général dans le labeur. Quelques-uns des travailleurs ayant été précipités pour ne plus se relever, il sembla que tous les autres n'attendissent plus que le coup fatal.

Je vous laisse à penser l'angoisse, la cruelle anxiété au milieu de laquelle s'accomplissait l'œuvre de destruction. Les bras se levaient, les soupirs se poussaient, les larmes coulaient. Les regards attachés sur cette chère petite population menacée de mort, au moment même où elle allait réaliser toutes les riches espérances fondées sur elle, chacun écoutait en retenant son haleine.

Encore un éclat de la foudre, et ce pouvait en être fait de la récolte...

Mais, au lieu du fracas redouté, ce fut soudain un bruissement sourd qui se fit entendre.

La nue s'était ouverte. La pluie qui tombait à torrent, fouettait en roulant le toit de la maison, et clapotait au pied des murs.

Et le tonnerre se taisait...

Presque aussitôt une sorte d'allégement s'était fait dans l'atmosphère ; l'air sembla en courant moins dense dans les galeries y porter le mot d'ordre de la reprise des travaux. Partout, de nouveau, reparurent l'énergie, l'animation.

Alors je vis les yeux s'essuyer et les fronts s'éclaircir. Puis comme on ne distinguait plus même le bruit de la pluie sur les tuiles : « Dieu béni ! fit la mère Jayard, en m'embrassant avec un véritable transport de joie, je crois que nous en serons quittes pour la peur.

— Viens voir, femme, viens voir ! » criait le père Jayard qui était allé sur la porte de la rue.

Nous courûmes vers lui.

Le soleil, qui brillait radieux derrière la maison, peignait au-dessus du vallon, sur les nuages qui s'é loignaient, un magnifique arc-en-ciel.

« Les deux bouts sur les coteaux, dit le cousin ; c'est beau temps (1).

(1) Il est de croyance, en certain pays, que l'arc-en-ciel portant sur les hauteurs indique le retour du beau temps, tandis que s'il plonge dans les lieux bas ou humides, c'est signe de continuation de la pluie.

— Certes ! » fit la cousine.

Et la maison redevint pleine de joie et d'espoir.

Les quelques morts — ils étaient bien morts — enlevés des galeries ; il n'y eut plus pendant une semaine qu'à regarder les *magnans* travailler, c'est-à-dire s'enfermer petit à petit dans leur prison d'or et d'argent — je dis d'or et d'argent, car il y a des vers, et c'est le plus grand nombre, qui filent de la soie jaune, tandis que d'autres donnent un fil du blanc le plus pur.

Dès le second jour, c'était à peine si l'on apercevait encore ceux qui s'étaient mis les premiers à l'ouvrage derrière le tissu qu'ils obtenaient en décrivant avec leur tête, d'où s'échappait la précieuse matière, un nombre indéfini de 8 successifs — manœuvre à peu près semblable à celle d'une personne qui arrose un plancher avec un arrosoir à un seul trou. — Mais il fallait, me dit-on, quatre jours environ pour que les vers eussent achevé leur coque, ou plutôt leur *cocon,* — c'est le terme consacré — qui est composé de quelque cinq ou six cents mètres de fil.

Ce magnifique travail achevé, la chenille, qu'on ne voit plus, cesse presque aussitôt d'avoir sa forme de chenille, et tombe dans l'étrange léthargie dont la nature a fait pour la plupart des insectes l'élément des métamorphoses ; son corps se raccourcit, ses téguments extérieurs se durcissent, brunissent ; sous cette espèce d'étui corné un thorax s'accuse, auquel s'attachent des pattes articulées ; des ailes poussent ; des antennes plumeuses se développent, les anneaux inférieurs se renflent en abdomen velu.... Enfin, au bout de deux semaines, un papillon — ou plutôt une phalène, car il s'agit d'un insecte nocturne — percera la coque où il s'était enfermé chenille, il s'élancera, appelé par l'amour, l'hymen, la maternité... Tel est du moins le vœu de la nature. Mais ce qui est selon les desseins premiers du Créateur, et pour la dilection des créatures, n'est pas toujours conforme aux intérêts du *Roi de la création*.....

Vers la fin de la semaine, la même femme qui avait crié : « Encabanons ! » se prit à dire de la même voix : « Allons ! il faut *déramer !* »

Et l'on se prit à déramer, ou, si vous aimez mieux, à détacher des rameaux, où elles étaient posées comme autant de fruits brillants, ces coques dont chacune emprisonnait une des chenilles en voie de transformation.

Ah ! comme de nouveau l'on s'attela gaîment à cette facile tâche, et comme gaîment on la continua jusqu'à ce que tous les brins de genêt et de bruyère fussent dépouillés... Oh ! la splendide cueillette que celle-là !

Combien de corbeilles emplit-on ? je ne sais plus ; mais il me souvient qu'une petite salle, où on les allait vider à mesure qu'elles étaient comblées, se trouva encombrée jusqu'à hauteur de ceinture. Le père Jayard, qui se caressait le menton en contemplant cette belle provision, affirma qu'il devait bien y avoir au moins quatre quintaux de cocons (en bonne moyenne d'ailleurs, trente grammes de graines produisent cinquante kilos de cocons, et il faut environ mille kilos de feuilles pour la nourriture des vers qui donnent cette récolte).

« Mais — dis-je, moi enfant curieux, en entendant que le cousin Jayard parlait de vendre tout cela dès le lendemain — comment prendra-t-on la soie qui est sur ces cocons ?

— Ah ! ça, petiot, c'est l'affaire des filateurs, me repartit le cousin : quant à nous, il ne nous reste plus qu'à passer les cocons au four, et tout sera dit...

— Au four ? répétai-je. Pourquoi faire ?

— Pour étouffer les bêtes qui sont dedans, pardienne ! sans ça dans quelques jours tous les papillons sortiraient, et on ne pourrait plus tirer des cocons percés que de la bourre à carder, et non des fils longs et réguliers.

— Ah ! »

On chauffa, en effet, le four banal du hameau beaucoup moins que pour cuire le pain, mais assez pour opérer la suffocation des pauvres petits ensevelis, qui dormaient peut-être en rêvant d'une joyeuse, d'une amoureuse résurrection. Corbeille par corbeille, tous y passèrent. Cent cinquante mille meurtres accomplis d'un coup, et avec la plus parfaite tranquil-

lité de conscience, je vous jure ! mais songez donc :
si on n'en avait rien fait, quatre quintaux de beaux
cocons ne fussent pas allés au filage ; et partant une
fière poignée d'écus ne fût pas entrée dans la crédence
du cousin Jayard ; et enfin, et surtout, combien de
robes, d'écharpes, de dentelles, de rubans n'eussent
pas été mis à la disposition des élégantes. — C'est
une raison concluante, oui-dà !

J'ai tâché de vous faire assister sur la foi de mes
souvenirs à une de ces *éducations* élémentaires, primitives, telles qu'elles se pratiquaient à peu près généralement à l'époque où, enfant, j'ai pu en être témoin, et telle qu'on en retrouverait, je crois, bien
des exemples encore, dans nos départements méridio-
naux, en Italie, en Grèce. Mais, depuis quelque vingt
ou trente ans, cette industrie a fait d'immenses progrès, grâce aux études, aux recherches, aux expériences des hommes éclairés et spéciaux. Aujour-
d'hui, les *magnaneries* ne sont pas rares où l'on élève
jusqu'à trente et quarante *onces* de graines — que,
par parenthèse, les femmes ne couvent plus. — Ces
magnifiques établissements, où tout se fait en vertu
des théories acquises, où les découvertes de la science
sont aussitôt appliquées, essayées, sont, à la pauvre
maison encombrée de claies de mon cousin Jayard,
ce que les fermes-modèles sont aux exploitations des
petits métayers ignorants et routiniers.

Dieu sait donc si les intelligents et laborieux éle-

veurs qui dirigent ces entreprises, doivent être placés sur l'échelle industrielle, loin des bons citoyens
du Céleste Empire qui, favorisés, il est vrai, par le
plus clément des ciels, prennent tout simplement
la peine de déposer une certaine quantité d'œufs
éclos ou à éclore sur un mûrier en plein vent, et re-
viennent au bout d'un mois *déràmer* sur les branches : cela à cinq ou six reprises dans le courant de
l'année ; et depuis combien de siècles?... Nul ne le
saurait dire ; car tout porte à croire que, déjà du
temps d'Alexandre, c'était de la Chine que venaient
les soies dont parle Aristote, qui attribue à une certaine Pamphile de l'île de Cos l'idée de former des
tissus avec cette matière arrivant d'Asie « enroulée
sur de petits fuseaux. »

C'est de Cos que provenaient ces tissus, si trans-
parents, si délicats, qui étaient dans l'antiquité l'objet du luxe le plus recherché, et qu'on qualifiait de
*vent tissé* ou bien de *tissus de verre*. Une fois,
Sénèque reprocha aux dames de laisser voir leurs
charmes au travers. Tibulle veut que sa Némésis soit
couverte des étoffes fabriquées par l'ouvrière de Cos...

Le prix attaché à la soie était si grand, la valeur
en semblait si considérable, si majeure, si je puis
ainsi dire, que les Romains donnèrent le nom de
*Sères* (de *sera*, soie) aux nations non subjuguées,
ou inconnues qui, du milieu de l'Asie, leur envoyaient cette précieuse matière. Et, d'ailleurs, les

plus étranges suppositions étaient faites alors sur
l'origine de la soie? Tels l'attribuaient à une petite
araignée brillante; d'autres en faisaient une sorte de
laine végétale, et c'est l'opinion de Virgile qui dit :
« T'apprendrais-je comment les *Sères* détachent des
feuilles de leurs arbres la plus fine toison? » D'autres
enfin, plus aventureux, y voyaient une condensation
des rayons du soleil, par une disposition particulière
de l'atmosphère.

C'est seulement vers le milieu du premier siècle
de notre ère, que Pline, le naturaliste, décrivit les
travaux du bombyx — nom qui est resté techniquement au ver à soie. — Les tissus de soie se ven-
daient encore à cette époque au poids de l'or, et
peut-être ne fut-ce pas une des moindres raisons qui
les firent rechercher par les fastueux maîtres du
monde. D'abord cependant les dames seules s'en pa-
rèrent, mais les hommes y prirent goût à leur tour;
et nous voyons sous Tibère un édit interdisant les
vêtements de soie à la gent masculine. — Mais il en
peut être des Empereurs comme des jours, qui se
suivent sans se ressembler. Trajan et Marc-Aurèle
refusaient obstinément les robes de soie dont les envoyés des peuples asiatiques voulaient leur faire
cadeau. En revanche, Héliogabale, qui n'est d'ailleurs connu que pour ses extravagantes débauches,
ne voulait porter que des habits de soie; mais l'on
raconte qu'Aurélien, à qui sa femme demandait une

robe de soie, lui répondit : « Jupiter me préserve de donner tant d'or pour aussi peu de fil. »

Dès les premiers temps du christianisme, la voix des évêques, des Pères s'éleva pour tonner, mais en vain, contre le luxe effréné des vêtements de soie. Vous voyez que les demoiselles Benoîton peuvent arguer d'une respectable généalogie.

Bien qu'on eût acquis des notions plus certaines sur cette industrie, longtemps encore la production de la soie, et la fabrication des tissus qu'elle donne, restèrent le privilége de l'Orient. C'est seulement au milieu du vi$^e$ siècle que des moines revenant de l'Asie centrale apportèrent à Constantinople les premiers œufs de vers à soie, — qu'ils auraient, dit-on, soustraits et cachés au péril de leur vie dans des bâtons creux. Il y a toute une légende sur cet événement, véritable légende à bien prendre, car, qu'eussent fait des vers à soie sans mûriers? et y avait-il des mûriers à Constantinople?... — Mais ne cherchons pas querelle aux gens qui aux temps passés ont poétisé l'histoire : tant de cervelles sont de nos jours affectées du travers contraire!

La sériciculture passa en Sicile au xii$^e$ siècle : puis elle gagna les terres du pape, la Toscane, la Lombardie, le Piémont. Elle vint en France avec le saint-siége. Les premiers mûriers furent plantés autour d'Avignon, dont les manufactures de soieries sont incontestablement les plus anciennes qu'ait portées notre sol. Puis l'élevage du bombyx s'étendant le long du Rhône, se propagea jusqu'à Lyon, qui devait devenir, et qui reste encore, la métropole du travail de la soie.

Aujourd'hui, c'est à peu près sur tous les points du globe que croissent les mûriers, et que se récolte cette matière qui, — dit M. Alcan, dont la parole fait autorité dans la science des industries textiles, — est parmi les autres fils ce que l'or est parmi les métaux. C'est en Espagne, en Italie, en Perse, au Japon, en Algérie... L'Amérique même s'adonne à la précieuse industrie; la République de l'équateur, tout nouvellement entrée dans cette voie, compte déjà cinq cent mille pieds de mûrier, et expédie sur les marchés manufacturiers de très-belles soies. Mais, pour peu que la fibre nationale soit impressionnable en vous, vous allez, je pense, vous redresser singulièrement, quand je vous dirai que les soies les plus estimées, et partant les plus somptueuses, sont encore celles qu'on obtient sur notre terre de France, qui, année moyenne, en fournit à l'industrie pour une somme de CENT MILLIONS.

## IV

### LE COTON

Un jour, j'allais rôdant par la galerie des machines
de l'Exposition universelle. Il m'arriva de remarquer
dans un des *secteurs* de la division des Colonies
françaises, un tout petit appareil qu'un homme faisait fonctionner, en tournant lentement une manivelle, et qui, je dois le constater, n'arrêtait pas beaucoup les passants.

Tout le mécanisme, à vrai dire, se bornait à deux
ou trois pièces d'engrenage imprimant le mouvement à une couple de cylindres, longs au plus de
vingt centimètres, tournant l'un sur l'autre entre
deux montants de fonte, et flanqués d'une espèce de
volet, sur lequel de temps en temps l'homme posait
une poignée de bourre blanche, qui s'engageait entre
les cylindres, et y passait brin à brin, en laissant
retomber dans une auge de tôle un certain nombre
de grains noirâtres.

« Qu'est-ce donc que cette machine? » demandaient d'aventure, mais sans trop de curiosité, de rares visiteurs à l'homme qui tournait la manivelle.

L'homme, qui n'était autre que l'inventeur lui-même, répondait d'un ton prouvant qu'il se sentait en droit d'attirer quelques regards attentifs sur sa machine : « C'est une *égreneuse* de coton.

— Egreneuse de coton! — répétaient tranquillement, avec une profonde indifférence, la plupart des questionneurs, — ah! » Et ils passaient.

Quelques-uns cependant s'arrêtaient. A ceux-là l'homme expliquait comme quoi le coton, qui n'est autre chose qu'un duvet renfermé dans le fruit d'un arbrisseau, adhère très-intimement, quand on le récolte, aux graines de cet arbrisseau, comme par exemple nous voyons dans nos champs de légères aigrettes adhérer à la graine du pissenlit ou du chardon. Il leur disait qu'à l'origine l'opération qui a pour objet de séparer ce duvet de ces graines, se faisait à la main, et qu'alors une personne ne pouvait guère *égrener* dans une journée qu'un demi-kilo de coton, tandis qu'avec sa machine, — qu'il n'avait pas d'ailleurs la prétention de donner comme la première inventée, mais seulement comme une des plus simples qu'on pût affecter à cet usage, — un ouvrier en épluchait jusqu'à 50 ou 60 kilogrammes.

Je fus moi de ceux qui s'arrêtèrent pour voir fonctionner la machine, en écoutant ce que l'homme disait. Avant d'aller plus loin, je pris, je ne sais pourquoi, dans l'auge où elles tombaient, cinq ou six des graines que les cylindres avaient dépouillées de leur duvet. Après les avoir tenues un instant à la main, je les mis dans ma poche; et je n'y pensai plus...

Mais voilà que, le lendemain, le hasard me fit ouvrir une Revue qui était sur ma table, à une page où je vis constaté que la seule industrie européenne reçoit, année moyenne, des divers pays qui le produisent, environ un MILLIARD de kilogrammes de coton. Alors et comme instinctivement, je recherchai mes graines noirâtres, et, les ayant posées devant moi, ce fut avec une certaine émotion que je les regardai, et qu'en les regardant, je me pris à rêver, — oui, Madame, à rêver pour tout de bon.

Vous allez certainement trouver qu'il faut que j'aie en ce cas le rêve aussi facile que l'émotion. Je n'en disconviens pas; mais, je vous le demande, s'il vous arrivait quelque jour d'entrer dans un des ateliers où se préparent les cartouches pour l'armée, voudriez-vous affirmer qu'en regardant travailler les ouvriers, vous sauriez vous préoccuper seulement de la manière dont ils s'y prennent pour enfermer dans un cornet de papier un petit lingot de plomb, en compagnie de quelques pincées de poussière noire? Ah! je parierais bien que non! Ah! je sais bien les images qui se présenteraient à votre esprit. Ah! je connais bien le sentiment qui vous prendrait le cœur!... Les deux sébiles de bois placées devant l'ouvrier, et contenant, l'une la poudre, l'autre les balles, feraient apparaître pour vous toutes les sanglantes horreurs de la guerre. Vous entendriez le bruit des armes et les cris des blessés; vous verriez les scènes de carnage et vous compteriez les morts; et, l'âme troublée, vous maudiriez, j'en suis sûr, les prétendues haines nationales, les prétendus intérêts d'États, au nom desquels on fait tant de pauvres diables s'entr'égorger, qui n'eussent pas demandé mieux que de rester à l'atelier ou à la charrue... — Et vous auriez raison.

Eh bien! de même que la seule vue de ces lingots, de cette poussière, ne saurait manquer de vous suggérer ces idées pénibles : de même l'aspect de ces pauvres petites graines brunes me transporte dans une de ces sphères pacifiquement animées où l'esprit aime à se trouver, parce qu'il y voit hautement manifesté, au lieu des sots antagonismes et des barbares dissidences, le grand et consolant principe de l'union par et pour le travail. Je les regarde, et je vois sur les rives de l'Ohio, comme sur les coteaux du Gange ; dans les îles de l'Archipel grec, comme dans les plaines du Nil ; aux bords du San-Francisco Brésilien, comme sur les alluvions du Sénégal ; aux Antilles, comme en Murcie; dans les champs du Céleste Empire, comme dans notre colonie algérienne ; je vois des milliers et des milliers d'hommes, faces

blanches et peaux d'ébène, se consacrer à la plantation, à la taille, à l'arrosement du précieux et délicat
arbrisseau. Je vois les terres remuées, les fosses ouvertes, où la noire semence est jetée, qui, au bout
d'une semaine déjà, a poussé vers le ciel ses pâles
gemmules; j'assiste aux soins nombreux qu'exige
son entretien; je vois venir, la pioche ou la serpe à
la main, ces légions actives qui doivent l'émonder
ou le débarrasser de ses nuisibles voisins; je m'inté-
resse au creusement des canaux d'irrigation, qui
répandront dans le sol où il végète la fraîcheur qui,
sous un ciel ardent, hâte et favorise son développe-
ment. Je compte avec le colon les jours qui s'écoulent dans l'impatient espoir de la première fleur; et,
quand cette première fleur s'est ouverte en étoile safranée ou tachée de pourpre, je me convie à la fête
qui met en liesse la rustique maisonnée. Puis j'attends la venue des fruits, des capsules. Les voilà qui
se forment, qui se développent, qui s'enflent, qui se
gonflent... et qui éclatent enfin, en montrant par
leurs *crevures* la blanche ou blonde toison qu'on va
se hâter de recueillir. Ah ! comme elle s'anime alors
la plantation ! Ils arrivent les *cueilleurs*, ils portent
devant eux un sac à deux au trois compartiments.
Ils sont armés de ciseaux. Placés sur un seul rang,
ils abordent tous ensemble les lignes d'arbrisseaux.
Ils coupent une capsule, détachent les restes du calice
qui se sont étendus sur le fruit, puis, le duvet saisi,

ils le jettent, selon sa qualité, dans tel ou tel des compartiments de leur sac... Puis les sacs vont se vider au bout du champ dans des corbeilles... Et cette cueillette se prolonge pendant un mois; car tous les fruits n'ont pas mûri en même temps...

J'assiste encore au séchage de la récolte. Puis je suis témoin de l'égrenage. Là, dans les cultures primitives, je trouve des multitudes de femmes qui séparent une à une les graines du duvet, et qui se consacrent pendant de longs jours à cette besogne aussi lente que fastidieuse... Mais si j'aborde les grands centres de production, j'entends grincer les *saw-gin,* où agit un système de scies ; ou bien les *roller-gin*, que rappelle la machine dont je vous entretenais tout à l'heure. Puis les balles s'emplissent, suspendues par quatre cordes, et dans lesquelles un ouvrier descend pour fouler par son propre poids le coton qui va franchir les mers.

Puis les navires s'encombrent, et les voiles s'ouvrent, ou les feux s'allument... Et c'est par millions de kilogrammes partant d'ici, allant là, et de mille points du globe à la fois, que le milliard se réalise. Et il sort d'une petite graine noire, ce milliard, qui alimente les innombrables usines, qui appelle au sein du labeur des peuples d'ouvriers, et qui donne aux riches le luxe, comme aux pauvres le confort. Il devient la tenture somptueuse du palais, comme le plus humble des vêtements Il ondoie diaphane sur les épaules d'une reine, comme il défend du froid les membres du pauvre enfant... Petite graine noire, sois bénie ? *Roi Coton*, puisque c'est ainsi que t'appellent les Anglais — roi qui règnes, et par la beauté, et par les bienfaits, je te salue !...

V


LA LAINE

Une fois il m'arriva de placer dans un récit certain personnage de berger dont j'avais — comme
nous disons, nous, les rêvasseurs — caressé amoureusement la création. J'avais imaginé un homme
qui, né avec une âme essentiellement contemplative
et indolente, n'avait rien trouvé de mieux pour
échapper aux difficultés, aux soucis de la commune
existence, que d'éteindre en lui les passions, les besoins, qui l'eussent condamné à la commune dépense
de labeur et de préoccupation, et de prendre entre
toutes les professions celle qui exige le moins de fa-
tigues corporelles et mentales. Devenu gardeur de
troupeaux, mon héros trouvait dans cette *oisive* condition la plus parfaite réalisation de l'idéal qu'il
s'était formé, et qui consistait à réclamer aussi peu
que possible de la société, afin d'avoir d'autant
moins à lui rendre.

Comment j'avais été conduit à choisir cette profession plutôt qu'une autre pour en faire le lot de mon paresseux : je me l'explique ainsi : d'abord il me souvenait qu'enfant j'avais mainte fois accompagné, par les bruyères cu les prairies, certains de mes petits camarades, que leurs parents envoyaient aux champs avec une couple de chèvres ou de génisses; et je n'avais pu oublier combien peu le soin de ces animaux faisait obstacle à la continuité de nos jeux. N'avais-je pas plus tard entendu dire et répéter que les pâtres Chaldéens, grâce à la longue inaction physique où les laissait la garde de leurs troupeaux, avaient pu se plonger dans la placide contemplation du firmament, à ce point de fonder la science astronomique? Puis encore n'avais-je pas lu, appris par cœur l'antique églogue où Tityre, le classique, Tityre « *recubans sub tegmine fagi, lentus in umbra*, couché sous les rameaux du hêtre, étendu à l'ombre » module sur ses pipeaux les louanges du Dieu qui lui *fit ce repos?*

Quoi qu'il en fût, convaincu d'avoir tracé dans des données vraisemblables un type de sympathique égoïste, d'honorable paresseux, et d'ailleurs ayant rencontré çà et là, dans le monde des critiques, plus d'un témoignage approbatif à l'adresse de mon philosophe en houlette, j'éprouvai — je vous l'avouerai, avec toute l'immodestie dont je suis capable — quelque satisfaction à me dire le père de ce pittoresque enfant.

Mais voilà que, comme je me délectais dans le sentiment de cette heureuse paternité, la lettre suivante m'arriva :

« Si je prends la liberté grande de vous écrire, Monsieur, c'est que je suis berger de mon état, et qu'en ce moment il court par chez nous un livre, que vous avez, dit-on, fait, et que les gens du pays ont l'air de tenir pour plein de vérités, tandis que je suis d'avis, moi, qu'il est au contraire tout farci de mensonges. J'en juge par ce qui concerne le berger dont il est parlé dans le livre, et je me dis que le reste ne peut être qu'à l'avenant. Où diable avez-vous pu voir des bergers de cet acabit? Vous aurez certainement pris, comme on dit, l'affaire sous votre bonnet. Alors je pense que vous auriez bien dû l'y laisser. Voyons, Monsieur, une supposition — je ne sais pas quel état vous avez (car je ne suppose pas que c'en soit un qui puisse vous faire gagner honnêtement votre vie, que de mettre dans les livres des histoires si peu vraies que celle-là), mais enfin, pour vous choisir une belle condition, je suppose que vous soyez cordonnier ou tailleur, et qu'il soit reconnu dans votre quartier que si vous arrivez à faire sortir d'assez bonnes journées, c'est en battant dru la semelle, ou en tirant bravement l'aiguille tant que faire se peut. Seriez-vous donc bien aise que tout par un jour certaine mauvaise langue se trouvât, qui s'en viendrait répétant de porte en porte, aux alentours de chez vous, des propos dans ce genre : « Vous vous imaginez qu'un tel, le tailleur ou le cordonnier, est un vaillant compère courageux et solide à la besogne, suant son gain sou à sou. Mais c'est au contraire le plus grand fainéant que la terre ait jamais porté. Vous croyez qu'il trime, qu'il se fatigue... Ah bien oui ! il prend tout bonnement une longueur de drap ou un carré de cuir ; il se couche auprès, sa pipe allumée, il regarde s'envoler la fumée ; et voilà un habit, ou une paire de souliers qui se fait toute seule. C'est d'ailleurs ainsi que tous les cordonniers, que tous les tailleurs travaillent. Et il y a vraiment compassion à se dire qu'on les estime pour courageux ouvriers, et qu'on paie si grassement leur prétendu labeur. »

N'est-il pas vrai, Monsieur, qu'il ne vous plairait guères de vous entendre juger de la sorte, et, avec vous, tous ceux de votre état, du moment où vous auriez conscience de gagner avec force peine et tracas les moindres pièces qui entrent dans votre gousset. Et pourtant avez-vous fait autrement envers les bergers, que vous avez montrés comme gens tout de loisir et de paresse, tandis que s'il y a au monde gens qui travaillent et sont en souci de leur besogne du matin au soir, et le plus souvent aussi du soir au matin, c'est à coup sûr les bergers. Et voilà justement ce qui me fâche de voir que, sans profit pour vous, vous n'ayez pas eu scrupule de déconsidérer de braves chrétiens qui ne vous ont point fait de mal, je suppose. Il y a par le monde un tas de gens qui aiment à parler de tout sans rien savoir ; vous me faites bien l'effet, sauf le respect que je vous dois, d'être un peu de ceux-là, au moins touchant les bergers, vu que, franchement, vous en raisonnez comme un aveugle des couleurs. Il faut que vous n'ayez jamais connu, ni vu de berger. Je m'étais laissé dire qu'à la ville on trouverait des gens pour s'imaginer que le blé est une espèce de sable qui se trouve à la pelle dans les champs. Je n'en croyais rien : mais je n'en doute plus maintenant que vous voilà, vous, qui semblez faire entendre que la laine vient sur le dos des moutons, sans qu'il soit besoin de prendre d'autre souci que de la regarder tranquillement pousser. A votre avis, un berger ne serait guères mis en la compagnie d'un troupeau que pour avoir avec lui un chien, qui serait chargé d'empêcher le bétail d'aller là où il ne faut pas qu'il aille, de l'emmener de la ferme le matin et de l'y ramener le soir. Et ce serait tout. Au moins êtes-vous, par là, juste envers les chiens ; ces braves êtres méritent du reste qu'on parle bien d'eux, et qu'on fasse cas des grands services qu'ils rendent dans les pays de bergeries, vu surtout que, pour se donner tant de mal, ils n'ont jamais d'autre intérêt que de prouver à leur maître qu'ils savent bravement gagner leur pauvre nourriture de chaque jour. Ah oui ! les chères, les

4.

bonnes bêtes, on ne les saurait trop louanger, on ne les saurait trop aimer. Et pourtant, à part les honnêtes bergers — comme le vôtre d'ailleurs — qui ont une vraie amitié pour leur chien, qui est-ce qui s'inquiète d'eux? qui est-ce qui pense, aussi bien dans le monde riche que dans le monde pauvre, où chacun mange la viande ou s'habille avec la laine des moutons qu'ils ont si bien gardés, si bien défendus, qui est-ce qui pense leur devoir la moindre chose, après la méchante gamelle de pommes de terre qu'on leur aura donnée? Quand le fermier a fait la tonte de son troupeau, ou qu'il a mené ses moutons ou porté ses laines au marché, d'où il revient chargé de bons écus sonnants, croyez-vous qu'il songe à caresser seulement le vieux Labri, ou le gros Rustaud qui lui fait fête en le voyant arriver? « Hou! le vilain chien, veux-tu te sauver! » C'est le bonjour qu'il reçoit; et il s'en va tout pénaud, lui qui aurait le droit d'être si fier, il s'en va rejoindre le berger, par qui au moins il est à l'ordinaire bien reçu. Ah! que de gens qu'on voit se pavanant, se vantant, se gonflant, et qui ont l'estime, et les honneurs, et l'argent... et qui ne font pas, à condition égale, le tiers du quart de ce que font ces braves chiens qui, encore qu'on les rudoie, qu'on les nourrisse à peine, sont toujours prêts à travailler jusqu'à ne plus pouvoir remuer, jusqu'à tomber sans souffle. Ah! vous autres, gens de la ville — mon

Dieu! la chose ne vous coûtera guères! — donnez une bonne pensée, une pensée de cœur, aux chiens de berger qui ont souvent faim, souvent froid, qui se tuent à la peine, pour qu'arrivent chez vous bienfaisante pitance et chauds vêtements! — Et, pendant que vous y serez — la tâche ne vous en deviendra pas plus lourde — n'oubliez point les bergers, qui sont loin d'être les paresseux (les insouciants compagnons que vous pouvez croire), et qui travaillent beaucoup pour rester toujours assez pauvres. « Tant vaut le berger, tant vaut le troupeau, » c'est le vieux proverbe des campagnes, qui prouve bien qu'on attend d'un berger autre chose que sa seule présence à l'entour des moutons. Savez-vous, — non, vous ne le savez pas ; mais je vous le dis pour que vous le sachiez à l'avenir — qu'un bon berger, outre qu'il est d'abord gardien et conducteur de son troupeau, doit encore être herboriste, pour savoir se rendre compte des herbages qui conviennent à ses bêtes; médecin, pour connaître quand elles sont malades; apothicaire, pour leur faire des remèdes; chirurgien, pour les saigner, les panser? — Ils sont souvent malades, les moutons. — Savez-vous qu'un berger doit être soigneux jusque-là, d'éviter pour ses bêtes les chemins où leurs pieds pourraient se souiller dangereusement; de leur choisir, selon l'heure ou la saison, tel ou tel quartier de pâture; de les conduire, le matin en plein air, et, au milieu du jour, à l'ombre, et sans jamais les trop presser, parce qu'ils se blesseraient, s'esssouffleraient? Savez-vous qu'il lui faut veiller sur l'entretien, sur la propreté des étables? Savez-vous qu'il doit aux entre-saisons distribuer lui-même la nourriture en la variant, pour que le troupeau ne souffre pas du passage des mangers secs aux mangers verts? Savez-vous qu'il doit régler aussi la boisson selon le temps? Savez-vous qu'il doit s'occuper des mariages, des naissances avec plus d'attention, croyez-le bien, que tous les maires et adjoints, s'il ne veut pas voir s'amoindrir la qualité de la chair et des toisons — des toisons surtout? — Savez-vous qu'il lui faut s'inquiéter des agneaux pendant plusieurs jours? Savez-vous qu'il doit aussi traiter les mères, qui veulent des soins comme toutes les accouchées, et qui périraient s'il les abandonnait à l'aventure? Savez-vous qu'à la ferme il ne couche jamais ailleurs que dans l'étable même de ses bêtes?.. Et quand on fait *parquer* les troupeaux pour la fumure des terres — il y a des pays où ils parquent pendant sept ou huit mois — savez-vous qu'alors le berger passe pendant sept et huit mois, sans quitter ses habits, toutes ses nuits dans la cabane roulante qui est à côté du parc? Et, ce parc, savez-vous qu'il est obligé de le changer de place tous les jours à lui seul, et que, chaque nuit, outre qu'il doit être sur pied au premier bruit, il faut encore qu'il aille par deux ou trois fois faire passer le troupeau d'un compartiment du parc dans l'autre, pour égaliser la fumure du champ? Savez-vous qu'au soleil levant, encore que souvent il ait à peine dormi, il doit se mettre en route pour les pacages, qui sont quelquefois très-éloignés du parc — où il devra revenir à la nuit tombante?.... Voilà, n'est-ce pas, pour un paresseux, une besogne quelque peu rude et tracassante. Et que de choses, de soucis je passe sans les dire, qui se renouvellent tous les jours. Mais ce n'est que le courant, cela. Il y a, en outre, les grands travaux : par exemple, le lavage et la tonte.

« Vous savez, ou vous ne savez pas, que la laine, sur le corps des moutons, est chargée d'une espèce d'enduit qu'on appelle le *suint*, et qui est utile à la santé des bêtes en cela qu'elle les préserve de l'humidité quand ils vivent dehors, mais dont il faut débarrasser les toisons quand on veut les vendre profitablement. A vrai dire, il y a beaucoup de fermiers qui vendent leur laine, comme on dit, en *suint*, c'est-à-dire sans la laver, et qui laissent le soin du lavage aux gens de commerce, de fabrique ; mais ils ont tort, le *suint* empêche qu'on se rende compte de la vraie qualité de la laine; et on traite alors à des conditions désavantageuses. Si donc on doit faire ce qu'on appelle le *lavage à dos*, autrement dit le lavage sur la bête même, avant de tondre, c'est au berger qu'en revient la tâche. Pour cela faire, il entre jusqu'à mi-corps dans quelque rivière ou ruisseau, portant avec lui un mouton qu'il tourne, retourne, frotte, secoue dans l'eau jusqu'à ce que la toison soit propre. Quand il y en a deux ou trois cents à manipuler ainsi, je vous laisse à penser, s'il lui ferait bon être de goûts paresseux. Après le lavage, c'est la tonte. Un bon berger doit tondre son troupeau lui-même, ou du moins surveiller ce travail tout en y prenant part. C'est de la patience, de l'adresse qu'il lui faut alors, ou je ne m'y connais pas... Voilà, Monsieur, comment les bergers passent leur vie, et non pas comme vous le dites. Je vois même que vous faites du vôtre un espèce de musicien, mais dans la seule intention de lui fournir un passe-temps et un moyen de gagner quelques sous, en faisant sauter les garçons et les fillettes le dimanche : jusque-là même vous passez à côté de la vérité, car la vérité est qu'un berger qui sait jouer quelques airs de fifre ou de musette, fait jouir de ce savoir, avant tous autres, ses moutons qui, en l'écoutant, paissent plus tranquilles, et restent plus volontiers à l'entour de lui. J'omets à vous parler des affaires que le berger, dans certains pays, est à même d'avoir d'un moment à l'autre avec les loups, ces gaillards qui ne sont pas souvent de belle humeur, et qui ne s'endorment pas si le berger ne se tient pas éveillé. Et je ne vous parle pas des bergers qu'on appelle voyageurs, dont la vie est bien encore plus rude. Allez voir dans les Alpes en été, les bergers qui viennent de Provence ; allez voir en

Espagne... Mais j'en ai, je pense, assez dit pour vous montrer que la laine de vos habits ne pousse pas tout à fait sans soins sur le dos des moutons, et assez pour vous donner, je pense, quelque regret d'avoir — j'aime à croire toutefois que c'est sans le vouloir — jeté des propos de déconsidération sur les bergers, et j'estime que pareille idée ne vous viendra plus. C'est déjà trop d'une fois. Sans rancune cependant, Monsieur. J'ai bien l'honneur de vous saluer. »

La lettre était signée d'un nom quelconque, sous la rusticité duquel se cachait très-évidemment pour moi la présence d'un très-apocryphe berger, qui s'était avisé de me donner, à sa manière, une leçon, dont j'aurais voulu de mon côté pouvoir le remercier, bien qu'il en dût coûter quelques légers froissements à ma petite vanité paternelle.

Et voilà, Madame, comment j'appris non-seulement à me défier de mes écarts d'imagination, mais encore à apprécier mieux que je n'avais su le faire jusqu'alors la laine de mes habits.

# VI

## LE CHANVRE — LE LIN

A propos du chanvre, il faut, Madame, que je vous fasse un singulier aveu.

Je vois dans l'histoire que le chanvre, originaire de l'Inde, est connu, comme plante textile, depuis les temps les plus reculés ; que, s'il n'en est pas question dans la Bible, au moins le trouve-t-on mentionné de la façon la plus positive par Hérodote, le plus ancien des historiens profanes ; que les Romains l'employaient surtout à faire des câbles, des sangles, des traits d'attelage et des toiles à voiles ; que, de leur temps, tout le chanvre nécessaire dans les attirails de guerre venait de Ravenne en Italie, ou de Vienne en Gaule ; que par conséquent les chanvres de notre Dauphiné, fort renommés aujourd'hui, étaient déjà en grande réputation.

Je vois aussi que la conversion du chanvre en toile de quelque finesse est relativement fort moderne, puisque, à l'arrivée de Catherine de Médicis à la cour de France, on cita comme une merveilleuse nouveauté deux chemises de chanvre figurant dans le trousseau de cette princesse.

D'autre part, les statistiques m'apprennent qu'en France seulement, où il n'y a guères que trois départements dans lesquels cette culture ne soit pas pratiquée, environ 200 mille hectares sont annuellement couverts de *chanvrières* ou *chènevières* qui fournissent en moyenne 100 millions de kilos de filasse, valant quelque 80 millions de francs.

Je sais, en outre, que la France n'a pas le monopole de cette production à laquelle contribuent sur une échelle considérable l'Ukraine, la Livonie, la Belgique, l'Allemagne, et surtout le Piémont, où se cultive une variété de chanvre qui aurait eu l'honneur d'être rapportée d'Asie par les croisés, et dont les tiges fournissent aux élégants — et élégantes — d'outre-monts des badines d'une blancheur éclatante, et d'une légèreté remarquable.

Je n'ignore point que des sommités d'une espèce naine qui croît dans leur pays, les Arabes extraient ce célèbre *Hashich*, auquel ils demandent, comme les Chinois à l'opium, une ivresse qu'on dit puissamment fantastique : — ce hashich dont le Vieux de la montagne, le terrible chef des *hashachins* ou *assassins* se servait, dit-on, pour fanatiser ses sectaires, et qui ne serait autre chose, s'il faut en croire les dernières recherches de nos érudits, que le fameux *Népenthès* d'Homère.

Je sais encore que le chanvre, *cannabis sativa*, des botanistes, est une des plantes dont les dispositions florales toutes particulières, ont efficacement servi à établir l'évidence du système sexuel végétal, dont la propagation est le premier titre de gloire de l'illustre Linné (1).

Je sais aussi. — Que voulez-vous ?

> « Le savant
> « Dit souvent
> « Ce qu'il vient de lire. »

Je sais qu'en Russie, en Pologne les graines du chanvre frites et aromatisées figurent sur les meilleures tables, comme friandise de dessert, tandis que les paysans des mêmes contrées les mangent, tout simplement pilées avec du sel et étalées sur du pain.

Je n'oublie pas que le bois du chanvre, calciné en vase clos, produit un des meilleurs charbons qui se puisse trouver pour la confection de la poudre à ca-

---

(1) Dans le chanvre comme dans le houblon, et dans un certain nombre d'autres plantes, les sexes sont portés sur des pieds différents. L'un n'a que des fleurs à étamines qui, le pollen ou poussière fécondante répandue, se dessèchent et tombent, tandis que l'autre n'a que des fleurs à pistil qui mûrissent les graines. Mais il faut noter qu'il est d'usage à peu près général dans les campagnes de nommer improprement *mâles* les pieds portant la graine, et femelles ceux qui restent stériles.

non : enfin, je ne saurais méconnaître que, pendant bien des siècles, le chanvre a judiciairement fait passer de vie à trépas un beau chiffre d'honnêtes gens, sans préjudice d'une superbe collection de gredins...

Voilà certes un ensemble de faits historiques, physiologiques, scientifiques, économiques qui, lorsque la question de l'intéressant végétal est soulevée, devrait au moins me faire l'envisager avec quelque élévation ou du moins avec quelque extension de vues. Eh bien ! le croiriez-vous, c'est toujours, mais toujours le contraire qui se produit.

Au seul nom, à la seule idée de cette plante, un cercle étroit, très-étroit, s'ouvre, où mes yeux se fixent, et d'où mon esprit, quoi qu'il en ait, ne sait plus sortir. Elle se présente, la précieuse, l'utile créature, avec son nombreux cortége de considérations touchant à des intérêts universels, et tout aussitôt cependant je ne l'aperçois plus que comme créée exclusivement pour un seul homme — qui est moi. Elle m'entretient des services qu'elle rend à tous, elle se glorifié de son lointain et vénérable passé; — et c'est de choses qui me concernent seul que je crois l'entendre me parler, et je ne consens à lui donner que l'âge que j'ai. L'homme d'ailleurs est ainsi, qui, d'instinct veut ramener, asservir à lui, infime, éphémère, même ce qu'il y a de plus vaste, même ce qu'il y a de plus durable.... Mais commenter un fait n'est pas toujours l'expliquer; ne commentons pas, expliquons.

Le village où j'ai passé mon enfance est bâti sur une colline dont une rivière baigne le pied. En amont du village, la rivière, qui s'est éloignée peu à peu de son lit primitif, a comblé de limon la baie au fond de laquelle elle sinuait jadis, et où, vrai Nil au petit pied, elle se permet, par les grandes pluies d'automne, quelques incursions qui sont pour les terrains inondés autant de grasses et fécondantes aubaines.

Aussi faut-il voir d'avril à octobre le plantureux aspect de cette anse, vers laquelle les fenêtres des maisons sont tournées comme amoureusement, et que caressent à toute heure les regards de quelque habitant; car il n'est guère dans le pays de familles dont l'héritage ne comprenne au moins un arpent dans *l'île des Chènevières* — c'est le nom de ce fertile quartier. Si vous me demandez pourquoi *l'île*, je me verrai réduit à supposer que cette dénomination, aujourd'hui impropre, remonte à un temps où elle avait sa raison d'être; mais si vous me dites : « Pourquoi des *Chènevières* ? » je serai d'autant mieux à l'aise pour vous répondre, que tout ce qui précède n'a d'autre but que d'arriver à cette explication. Donc pourquoi les *Chènevières* ? Parce que ces terres d'alluvion constituant un fond éminemment propre à la production du chanvre — qui exige un sol à la fois substantiel et léger, frais et perméable — chaque famille s'est arrangée de façon à en posséder une parcelle, où chaque année elle établit sa chènevière.

En est-il encore ainsi maintenant ? Je ne voudrais pas l'affirmer ; mais au moins en était-il ainsi dans mon enfance. C'est qu'alors il n'entrait guère dans les maisons du village d'autre linge de ménage ou de corps, que celui qui provenait du chanvre récolté sur l'île des chènevières. Ce chanvre, les hommes le cultivaient, les femmes le filaient, le vieux tisserand le tissait. A l'île des chènevières l'enfant devait ses langes, la mariée son trousseau, les morts leur linceul. Vous commencez sans doute à comprendre quelle importance pouvait avoir aux yeux de tous cette île des chènevières, que l'on apercevait de tous points, qui souriait à tous par sa brillante végétation, qui appartenait à tous un peu ; mais vous n'imaginez pas encore quelle place elle tenait dans l'esprit de la plupart des gens du pays. Et pour ne parler que de moi, je la vois comme un petit... non, je dis mal, comme un grand, comme un considérable monde à part, elle a pour moi une vie propre singulièrement mouvementée, elle résume une série de souvenirs caractéristiques... — Jugez.

En novembre, c'est-à-dire quand les eaux qui l'ont envahie et fertilisée se sont retirées — par ces beaux jours qu'on appelle l'été de la Saint-Martin — je vois dans chaque pièce un ou deux hommes qui bêchent, qui donnent le premier labour. La bonne terre jaune-brun s'effrite d'elle-même en tombant de la bêche dont le fer aiguisé reluit au soleil. Ils sont là vingt, trente travailleurs, isolés, mais à peu de distance. Ce ne sont que manches retroussées, que bustes se courbant et se relevant ; les voix se croisent, les outils sonnent, la terre fume. Les hochequeues, les bergeronnettes du rivage sont venues qui, picorant les vermisseaux, courent sur le sol fraîchement remué, comme de bruyants éclairs bleus... Cela dure une demi-semaine. Puis les hommes s'en vont, pour revenir aux premières douces journées de janvier... C'est le second labour... — Le troisième se donne au milieu de mars. — A la fin d'avril, les *bêcheurs* viennent pour la quatrième fois, mais alors accompagnés de femmes, d'enfants qui, avec de grands râteaux de fer, brisent jusqu'aux dernières glèbes... Puis, en mai, les femmes hersent de nouveau, pour rafraîchir la surface du sol. Et alors arrivent, tous en même temps, car ils se sont donné rendez-vous, vingt, trente semeurs qui, tous en même temps, un sac noué en bandoulière devant la poitrine, marchant à pas comptés, vont et viennent, répandant avec un geste correct et arrondi, la semence dont leurs mains sont pleines; et autant de femmes les suivent, qui promènent encore le râteau...

Vous figurez-vous l'animation de mon île en ce moment? Mais écoutez : « drelin, drelin, drelin! » deux ou trois sonnettes aux refrains clairs se prennent à sonner, et leur argentine chanson durera, tantôt ici, tantôt là, mais toujours sur l'étendue de l'île, pendant huit ou dix jours, de l'aube au soleil entré. Gentil carillon, que j'entends encore, comme s'il résonnait vraiment, et que sont chargés de faire à tour de rôle les enfants du pays pour effrayer les pillards ailés, moineaux, alouettes, tourterelles qui, se moquant des grotesques épouvantails, viendraient sans façon festiner à la table qui n'a pas été mise pour eux.

La sonnette effarouchante, ah! je l'ai secouée, je l'ai promenée plus d'une fois ; car, pour fournir les trois sonneurs qui devaient se relayer du matin au soir, ce n'était pas trop du personnel entier de l'école, qui restait alors vide pendant une longue semaine. Huit jours de congé! Et les écoliers n'eussent pas aimé l'île des chènevières! Et elle ne serait pas impérissablement gravée dans leurs souvenirs!

Vers le sixième ou septième jour, cependant vous voyez les enfants qui, tout en errant — drelin, drelin! — par les sentes de l'île, semblent fixer sur la terre d'inquiets regards : « Ah ! si la graine pouvait donc ne pas lever encore ! »

Mais la graine, ou ne les entend pas, ou ne veut pas que l'on paresse pendant qu'elle est en travail... Voilà partout, partout, de faibles monticules qui se forment; on dirait d'un commencement d'éruption maladive du sol.

La nuit prochaine, du milieu de chacun de ces soulèvements, deux petites raquettes accolées, d'un vert pâle, émergeront. Aux premiers rayons du jour elles bruniront, puis s'étaleront. « Taisez-vous clochettes, écoliers rentrez à l'école, la graine devenue plante n'a plus besoin de votre protection. »

.   .   .   .   .   .   .   .   .   .   .   .   .   .   .   .   .

Et, pendant les trois mois qui suivent, que de soins, d'attentions, je vois tournés vers ces carrés ou s'élèvent en futaies drues et menues, ces milliers de tiges d'un vert sombre, au feuillage aigu, allongé... Voici les femmes, les enfants qui sarclent, qui *binent*. Car elles sont égoïstes en diable ces tiges; elles dépériraient, elles maigriraient à vue d'œil, si on ne les délivrait aussitôt du voisinage de toute étrangère. Voilà les hommes qui passent là, en revenant le soir des guérets voisins, où qui vont s'y promener le dimanche, après les vêpres entendues. Et quels coups d'œil satisfaits ou inquiets aux chènevières : « Eh ! eh ! ça pousse, ça monte, » fait celui-ci, qui hoche lentement la tête, et qui se mesure aux tiges, qu'il est fier de voir atteindre à ses épaules, à son front : « Heu ! dit cet autre, un peu de pluie ne ferait pas de mal ! » Ou bien : « Trop d'eau, trop d'eau : la filasse n'aura pas de finesse. » Que sais-je ?

Et souvent, sur le seuil des maisons, d'où les chènevières s'aperçoivent, les gens qui sont réunis pour deviser, en calculent le rendement probable.

Mais à la fin de juillet, voilà que les chènevières fleurissent. Au sommet des pieds mâles poudroient les fauves étamines : à l'aisselle de leurs rameaux, les pieds femelles montrent agglomérées les graines futures, empanachées de leur pistil fourchu, plumeux, ténu.

J'entends que l'on se consulte, et que l'on se concerte pour l'arrachage, qui commence quelques jours plus tard. Il fait beau voir alors tous ces hommes, toutes ces femmes en besogne — besogne en même temps rude et délicate, car il faut quelquefois de vrais efforts pour faire perdre terre à ces tiges vigoureuses, et il importe de mettre à part chaque sexe qui, à venue égale, ne donne pas une filasse identique.

Puis, pendant trois ou quatre jours, je vois sur ces champs des rangées de gerbes, qui se tiennent debout sur leur base écartée. L'on va, l'on vient, les visitant, les redressant, les ouvrant, pour qu'elles sèchent mieux...

Alors l'œuvre agricole est finie, mais l'œuvre industrielle va commencer. La récolte est faite de la plante qui s'appelle chanvre, mais il faut en séparer, en extraire la matière textile qui porte le même nom.

Cette matière, les fibres de l'écorce la constituent, mais ces fibres sont rendues adhérentes entre elles et attachées au bois des tiges par une sorte de gomme-résine qu'il faut détruire par le *rouissage*, c'est-à-dire par le séjour dans l'eau.

Pour le rouissage, quelle activité encore !

Toutes les gerbes ont été apportées au bord de la rivière, où l'on a réuni aussi toutes les grosses pierres qu'on a pu trouver aux environs, et qui seront posées sur les gerbes, pour les maintenir immergées. Et tous ces gens entrent dans l'eau, et ils rangent les gerbes, et ils les chargent de pierres... Et pendant une semaine ou plus, selon que la chaleur rend l'action de l'eau plus ou moins rapide, tout le chanvre reste là couché sous ces pierres qui affleurent et rident la surface du courant...

Je n'oublie pas qu'au-dessous du *routoir* (c'est le nom du lieu où l'on *rouit*), on voit échoué par ci, par là, au bord de la rivière, un certain nombre de poissons morts, car il est prouvé que la décomposition du principe gommeux de l'écorce du chanvre rend l'eau singulièrement insalubre pour ses infortunés habitants. « Mais, se dit-on, mieux vaut encore la mort aux poissons, que des fièvres aux hommes, » car il est avéré aussi que, dans les pays où le rouissage s'opère dans des eaux stagnantes, les émanations des routoirs vicient très-dangereusement l'atmosphère. D'ailleurs, je me rappelle qu'un jour où je longeais un étang, dans les eaux duquel une récolte de chanvre était immergée, j'avais peine à supporter la nauséabonde odeur qui s'en échappait, et qui me causait comme une âcre suffocation. Il faut, en résumé, que le pernicieux caractère des effets du rouissage soit indiscutable, puisque des lois attribuent aux maires le droit discrétionnaire de l'interdire dans les eaux dormantes, et même courantes, qui avoisinent les habitations, et puisqu'un décret met les routoirs au premier rang des établissements insalubres...

De temps en temps cependant, un des experts du pays va s'assurer si l'opération avance ; et un beau jour il remonte au village portant quelques tiges qu'il dénude en marchant, puis, levant sa main dont deux doigts maintiennent une mèche rousse humide : « A l'eau, à l'eau ! répète-t-il à qui veut l'entendre, il n'est que temps ! »

Et bientôt voilà encore tout ce monde de travailleurs dans la rivière, car, quelques heures plus tard, la filasse pourrait déjà subir un commencement de pourriture.

Soigneusement débarrassées par des rinçages du limon qui a pu s'y attacher, les gerbes sont alors apportées sur la berge, et là, dénouées, ouvertes, étendues presque brin à brin. D'aucunes retournent sur les chènevières ou sur les prés voisins, car la berge n'est pas suffisante pour cet *étendage*. Et, deux ou trois jours durant, je ne vois encore que gens qui tournent, retournent, éparpillent ces milliers de tiges, qui, de vert-brun qu'elles étaient, sont devenues d'un beau blond.

Puis quand l'air, le soleil ont bien asséché tout cela, les gerbes sont reformées, qui prennent sur le dos des hommes, ou des bêtes le chemin des fenils, des hangars... Ah! les joyeux charrois! et combien de charroyeurs!

Alors — je dois l'avouer — je resterai deux ou trois mois, sans ouïr parler de la précieuse récolte; on croirait qu'elle n'a pas été faite, que chacun n'a engrangé à la fin d'août que des brindilles sans valeur... mais, patience! viennent novembre et les veillées, et je la retrouverai, la récolte de l'île. Le *teillage* me la rendra.

Le teillage : vous savez peut-être qu'on appelle ainsi l'opération qui a pour but de séparer les fibres d'écorce du bois qu'elles recouvrent encore. Peut-être savez-vous aussi que cette opération est la plus simple du monde, puisqu'il s'agit tout uniment de briser un peu le bout de la tige, pour produire sur ce point le détachement des fibres, sur lesquelles on n'a plus qu'à tirer légèrement, pour que le bois se dénude dans toute sa longueur.

Mais peu m'importe le teillage par lui-même ; ce qui m'importe, ce sont les conditions dans lesquelles il s'effectue...

Les longs soirs sont arrivés; dans toutes les maisons, le cercle se forme autour de l'âtre qui flambe, et qui éclaire en même temps qu'il réchauffe.

« Viens donc veiller ce soir — m'a dit Petit-Pierre ou Gros-Claude. Tu teilleras avec nous. »

Et vous pensez si je manque d'aller teiller. Nous voilà groupés sur des escabeaux près du grand-père ou de la mère-grand qui est notre chef teilleur, et qui, pour nous récompenser de l'activité que nous montrons, nous répète toutes les féeriques histoires du vieux temps. Pendant que parle le conteur ou la conteuse, on entend craqueter dans nos doigts les tiges que nous brisons et dépouillons. Et ce sont des ébahissements, des rires, des effrois, selon que l'histoire est merveilleuse, comique ou terrible. Et Dieu sait les bonnes, les intéressantes veillées qui se passent ainsi, et qu'on ne saurait plus oublier !

Puis, quand nous aurons teillé pendant bien des soirs, vers la fin de l'hiver par exemple, quand se verront pendues dans un coin de la salle deux ou trois grosses bottes de filasse, viendra le *cardeur*, ou, pour employer le terme consacré, le *chanvreur*. Il arrivera avec sa planchette garnie de pointes de fer ; il prendra poignée par poignée la filasse grossière qu'il peignera, cardera, et qui, à force d'être passée et repassée sur ces dents qui la mordront, qui la diviseront, deviendra fine, brillante, soyeuse. Et comme nous faisions cercle devant le foyer pour le teillage, de même nous nous rangerons autour du chanvreur ; non pour le regarder travailler, car nous savons, de reste, comment il procède ; mais pour le faire causer, pour l'écouter, car le chanvreur est d'ordinaire le beau, le bon diseur du canton ; le chanvreur, qui va exerçant son industrie de village en village, de ferme en ferme, sait tout ce qu'homme du pays peut savoir, et il ne demande qu'à dire ce qu'il sait... Vous pensez s'il y a presse pour l'entendre, et s'il s'évertue, pour n'être pas au-dessous de sa réputation, et si l'on applaudit à ses bons mots, si l'on commente ses récits...

Puis, quand le chanvreur sera parti, tout le reste de l'année, si un fuseau tourne, si un rouet bourdonne, je saurai, je me dirai toujours que ce chanvre dont la quenouille est chargée, vient de ma chère île des chènevières. Et, à toute heure, en tous lieux, je vois les fuseaux tourner, j'entends les rouets bourdonner. Et, quand viendront les jours du carnaval, savez-vous ce qu'on entassera au milieu de la rue pour en faire ces beaux feux clairs par-dessus lesquels on saute, autour desquels on danse en chantant, en se tenant par les mains ?... Les chènevottes, les légères tiges tombées du teillage, — qui d'ailleurs avant l'invention des allumettes à friction, fournissaient les seules allumettes connues. Partout, à toute heure, en tous lieux, en toute occasion, l'île des chènevières m'est donc ainsi rappelée.

Comprenez-vous bien maintenant comment il se

fait qu'aussitôt que l'idée de chanvre s'offre à mon esprit, j'oublie, malgré moi, les vastes étendues qui dans le reste du monde sont consacrées à la culture de cette plante, pour ne voir que ma petite île des chènevières, dont on ferait le tour en quelques minutes? Comprenez-vous que je ne consente pas à me préoccuper des nouvelles pratiques de rouissage, de teillage, de peignage que l'agriculture et l'industrie moderne ont adoptées (et qui, d'ailleurs, ne diffèrent pas beaucoup des anciennes) pour me souvenir seulement de ce qui se faisait de mon temps, dans mon petit village? Comprenez-vous que ce végétal, au vénérable passé, me semble être tout juste mon souriant contemporain?... Comprenez-vous que?... Mais arrêtez-moi, car j'ai à vous parler du lin.

En ce qui concerne celui-là, j'échappe à toute influence. On ne le cultive pas dans mon pays, et mes souvenirs personnels se bornent à la vue, magnifique, il est vrai, de quelques *linières* fleuries, côtoyées en traversant au milieu de juillet un de nos départements du Nord. Nous allons donc pouvoir le suivre tranquillement, méthodiquement dans son histoire, dans sa culture, dans les diverses opérations qu'il subit, pour aller du champ où on le recueille à la quenouille des fileuses.

Son histoire; elle est bien vieille aussi, plus vieille même que celle du chanvre, et peut-être que celle de tous les autres textiles, car les livres de Moïse parlent à chaque page de fil, d'étoffe de lin. Le voile, les tentures du Temple, la robe du Pontife, les vêtements des lévites devaient être de fin lin.

La Bible nous dit encore que quand l'Eternel voulut châtier l'Egypte de la dure servitude imposée à son peuple, la destruction des cultures de lin fut une des dix plaies dont il frappa cette contrée. Or, comme c'était exclusivement de bandelettes de lin que, les embaumeurs enveloppaient les momies, et que vu le chiffre de population que possédait l'Egypte à cette époque, le nombre des décès s'élevait année moyenne à deux cent cinquante mille, il s'ensuit que le seul service des funérailles devait nécessiter une production considérable de lin.

Nous apprenons par Homère que les voiles de la flotte qui porta les Grecs au siége de Troie étaient de lin ; et l'usage, paraît-il, n'en était pas encore perdu du temps de Pline, car nous voyons le vieux naturaliste célébrer dans son livre « cette herbe, petite, mince, faible, qui s'élève à peine de terre, qui d'elle-même ne forme ni corps, ni substance ferme, qui a besoin, pour servir à nos usages, d'être brisée et réduite à la souplesse de la laine, et à qui l'on doit cependant la facilité de se transporter d'un bout du monde à l'autre. »

Quand le chanvre ne servait encore qu'à des ouvrages de corderie ou de toilerie commune chez les Romains, déjà en Germanie, en Gaule, en Espagne, on tissait des étoffes de lin d'une surprenante finesse. Les toiles de Cahors étaient entre autres fort renommées. Pendant tout le moyen âge, la Belgique eut comme le privilége de cette industrie. C'est au XIII<sup>e</sup> siècle qu'elle fut intronisée dans la Bretagne par les soins d'une princesse du pays, qui établit à Laval des ouvriers enrôlés à Bruges. Deux siècles plus tard, Anne de Bretagne, en épousant Charles VIII, enrichit les armoires de l'hôtel Saint-Pol et de la Tour du Louvre de *quatre douzaines de chemises* et de *six paires de draps, filés* par les femmes du comté de Cornouailles qui « avaient voulu donner à leur bien-aimée duchesse un témoignage de leur amour (1). »

C'est sous Colbert seulement que la France proprement dite eut quelques fabriques d'étoffes de lin pouvant rivaliser avec celles des pays environnants. Aujourd'hui, cent mille hectares sont annuellement employés chez nous à la culture du lin, mais ils seraient loin de suffire à la consommation industrielle, si beaucoup de lin ne nous arrivait de Russie, d'Allemagne, d'Italie...

Comme pour le chanvre, il faut pour le lin les terres les plus riches. Ces sols francs, profonds, substantiels sans être trop compactes, doivent être, comme

(1) Bezon : Dictionn. général des tissus.

pour le chanvre, soigneusement, longuement préparés par un certain nombre de labours.

Comme pour le chanvre, il faut... — Mais je réfléchis que je vais aller ainsi jusqu'au bout de ces travaux agricoles et industriels en répétant à chaque pas : « Comme pour le chanvre. » Aimez-vous les redites, Madame? Peut-être : tous les goûts sont dans la nature; mais je veux supposer que vous ne les aimez pas, et je me bornerai par conséquent à vous dire que chanvre et lin nécessitent, dans des conditions à peu près analogues, les mêmes soins; les mêmes manipulations : semis, sarclage, arrachage, séchage avant et après le rouissage, teillage à la main ou à la mécanique, peignage. La série ne diffère en rien, sinon peut-être par quelques détails de complication, que je ne crois pas indispensable de vous signaler, car c'est une revue sommaire que nous passons, et non une étude pratique que nous entendons faire (1).

(1) Peut-être devons-nous noter ici que, depuis quelques années, les Anglais reçoivent en grande quantité des Indes, sous le nom de *jute*, et mélangent au chanvre et au lin pour la confection de certaines étoffes communes, les fibres corticales d'une plante de la famille des *tiliacées*, qui doit son nom à notre tilleul, dont l'écorce, après avoir été *rouie*, peut d'ailleurs être utilisée dans la corderie. — Mentionnons encore, pour compléter l'énumération des éléments qui entrent dans la fabrication des tissus, les *déchets* ou débris d'anciennes étoffes de laine, que des machines *effilocheuses* et des cardes ramènent en quelque sorte à l'état de matière première, et qui,

Et c'est pourquoi, si vous le voulez bien,

« Nous porterons ailleurs nos regards curieux. »

mélangés à des laines *vierges*, sont de nouveau filés, tissés, etc. Beaucoup de draperies et d'articles dits de fantaisie sont ainsi composés.

# VII

## LE FILAGE

Le paganisme nous montre les Parques filant les jours des humains. Hercule n'imagine rien de mieux pour aduler Omphale que de filer à ses pieds. Quand le berger Aristée, des *Géorgiques*, pénètre dans la grotte de Cyrène, sa mère, il y trouve les nymphes, compagnes de la déesse, occupées à filer les vertes toisons de Milet.

Lorsque Moïse — ainsi qu'il nous l'apprend lui-même dans l'Exode — provoqua les libéralités du peuple de Dieu pour l'ornementation du tabernacle, « toute femme adroite fila de sa main et apporta ce qu'elle avait filé de pourpre, de fin lin, de poil de chèvre... »

Dans nos églises, on représente la chaste pastourelle, patronne de Paris, avec une quenouille au côté; et ce n'est pas la moins populaire de nos légendes chrétiennes que celle qui fait s'envoler, du fuseau de la vierge Marie, ces fils aériens dont on a si longtemps ignoré la véritable origine.

A Rome, jadis, pendant les cérémonies nuptiales, on portait une quenouille et un fuseau devant la nouvelle mariée, comme symbole du genre de vie qu'elle devait mener désormais ; et — nous dit Ponsard, par la voix de sa belle, mais austère Lucrèce — les plus nobles matrones

> ..... « Mettaient tout leur souci
> A surveiller l'ouvrage et mériter ainsi
> Qu'on lût sur leur tombeau, digne d'une Romaine :
> « Elle vécut chez elle et fila de la laine. »

Dans notre pays, où il est de principe que la couronne ne tombe pas « en quenouille, » c'est-à-dire sur la tête d'une femme, on précise d'ordinaire les convenances d'un bon mariage en disant que « le fuseau doit suivre le hoyau, » à savoir qu'il faut que le labeur de la femme réponde à celui du mari. Quand nous voulons revêtir un fait de la plus vénérable, comme aussi de la plus candide ancienneté, nous le reportons au temps où la reine Berthe filait. Enfin, vous n'ignorez pas que — toujours sur cette même terre de France, domaine classique de la galanterie — s'il advient qu'une fille d'Eve veuille s'attribuer quelque tâche, qui semble naturellement incomber aux fils d'Adam, il advient aussi qu'on lui conseille d'aller « filer sa quenouille. »

J'ai pris au hasard ces quelques exemples entre

mille, pour arriver à constater, avec quelque autorité, qu'en tous temps, chez tous les peuples et dans
toutes les conditions, la quenouille et le fuseau furent comme l'apanage normal de la personnalité fé-
minine. C'est pourquoi, bien que vous ne filiez pas,
je suppose que vous avez vu filer, et je pense pouvoir
me dispenser de vous décrire cette opération qui,
pour remonter sans contredit à l'enfance de l'industrie humaine, ne laisse pas cependant que d'être encore pratiquée dans sa simplicité primitive, non-seulement sur quelques points isolés, et pour fournir à la
fabrication, que j'appellerai domestique, des grosses
toiles ou des bas, mais aussi et surtout dans des cer-
cles manufacturiers très-importants.

« Quoi, direz-vous, dans notre siècle où le génie
de la mécanique a conçu tant de prodiges, une machine n'a pas encore été trouvée pour remplacer la
bonne femme, qui mouille de salive les deux doigts
entre lesquels elle étire l'étoupe de sa quenouille.

— Eh! Madame, je vous prie, traitez moins légèrement ces deux doigts, que vous vous prendriez certainement à considérer d'une tout autre façon si
vous vous doutiez de la subtile puissance industrielle
qui réside en eux. Oui, l'on a trouvé des machines,
et de surprenantes même qui, dans bien des cas, et
comme célérité de production surtout, se sont subs-
tituées à ce rudimentaire appareil; mais c'est encore des deux doigts mouillés de salive de la bonne

femme que sortent aujourd'hui les fils relativement les plus ténus, les plus réguliers et les plus solides.

Si dans le filage du coton, par exemple, les machines arrivent depuis quelque temps à l'emporter pour la finesse, c'est encore à titre, à *calibre* égal, le fil à la main qui l'emportera, et de beaucoup, pour la résistance; car, pendant que la machine prendra à même la masse cardée ou peignée des fibres pour les tordre au hasard, les doigts — dussent-ils agir sur un ensemble de brins presque impalpables — sauront cependant, par une merveilleuse intuition du tact, les disposer, les faire glisser, les lier dans le sens exact de leur longueur, et constituer un fil réunissant au suprême degré toutes les qualités fondamentales exigées dans un tel produit.

Et d'ailleurs, je vais, j'espère, vous étonner, en vous affirmant, sur la foi d'autorités irrécusables, que des doigts de femme se sont trouvés — et se trouveraient sans doute encore — capables de transformer un kilogramme, un simple kilogramme de lin, en un fil mesurant jusqu'à huit cents, neuf cents, et même mille kilomètres. Vous avez bien entendu, n'est-ce pas? j'ai dit : *mille* kilomètres; soit mille mètres par gramme de matière employée, ou, si vous aimez mieux, un fil qui, après avoir été tendu d'un bout de la France à l'autre, de Calais à Marseille, par exemple, pourrait atteindre en outre un point situé à trente lieues des frontières.

Ce sont là, je dois le constater, des résultats exceptionnels, de véritables tours de force ; mais les bonnes fileuses à la main, et on les compte encore par milliers dans les Flandres, le Cambrésis, la Bretagne, la Normandie, peuvent fournir à l'ordinaire des fils de vingt, trente, quarante et cinquante lieues au kilogramme. Ces fils, dont quelques-uns valent encore de nos jours jusqu'à deux mille francs la livre — j'ai même entendu dire cinq et six mille — sont destinés à la confection de dentelles fines, et des plus belles batistes ; ce qui n'empêche pas que des multitudes de fuseaux tournent chaque jour pour alimenter l'industrie des toiles ménagères et communes, laquelle emploie des fils dont le prix, matière première comprise, descend parfois jusqu'à deux francs la livre.

Vous voyez que l'écart est grand entre les taux extrêmes d'un même produit. N'en concluez point, je vous prie, à une élévation de salaire considérable en faveur de la fine ouvrière, car, n'allez pas l'oublier, le filage à la main est exclusivement une profession de femme, et de femme de campagne le plus souvent ; ce qui revient à dire que cette profession, avec quelque habileté qu'elle soit exercée, doit naturellement se trouver au nombre des moins lucratives.

Ah ! vous n'imaginez pas combien de tours est obligé de faire, avant de lui avoir rapporté un peuvre sou, le fuseau ou le rouet de la campagnarde qui file soit pour ajouter quelque mignon colifichet à votre trousseau, soit pour mettre quelque pièce de lingerie dans votre armoire !

Que si par exemple vous calculiez le nombre de mètres de fil qu'il a fallu entre-croiser pour produire seulement la douzaine d'essuie-mains que vous aurez achetée, moyennant quelques francs — en tenant compte de tous les autres auxiliaires qu'exige cette fabrication — peut-être vous feriez-vous une idée approximative du maigre denier qui doit revenir à la fileuse pour prix de son concours ; et, partant de ce principe exact, que plus la ténuité du fil augmente, et plus il faut de temps pour *ouvrer* la même somme de fibres, peut-être arriveriez-vous à cette conclusion que la quote-part de la rivale d'Arachné — pour l'appeler comme eussent fait nos pères — n'est pas relativement très-supérieure à celle des fileuses ordinaires.

Ecoutez d'ailleurs ce que dit M. Jules Simon, dans son beau livre, ou plutôt dans son touchant plaidoyer de l'*Ouvrière*. « Dans l'ouest, on cultive le lin et le chanvre, on les prépare, on les file, on les tisse, et tout cela se fait à la main, sans le secours de la vapeur et des métiers mécaniques. La toile de Bretagne a été longtemps en faveur sur le marché, et encore aujourd'hui on lui attribue plus de solidité qu'aux toiles de Flandre. La Bretagne est une obstinée : elle file son lin au rouet et à la quenouille, elle le tisse à la main, elle le blanchit à la rosée. Le coton et les manufactures lui font, chacun à leur manière, une concurrence désastreuse, mais elle aime mieux se ruiner que se modifier. Une belle quenouille avec son assortiment de fins fuseaux... est encore le cadeau qu'un paysan breton fait à sa fiancée. Ce ne sera bientôt plus pour les ménages aisés qu'un emblème, un souvenir; mais les *pâtouresses* dans les landes, et les mendiantes sur les bords des chemins ont toujours la quenouille au côté. Le métier de fileuse, quand on n'a que lui pour ressource, ne donne *pas même un morceau de pain*. »

Ce n'est pas seulement en Bretagne que peut être vérifiée la navrante justesse de cette dernière assertion, car il me souvient fort bien qu'il y avait parmi la gent tourne-fuseaux de mon village ce vieux dicton que j'entendis cent fois répéter durant mon enfance :

> « Quenouille, bon garant d'honneur,
> « Jamais ne donna serviteur. »

En d'autres termes, si la quenouille, instrument de travail, est pour celle qui la porte et qui s'en sert une sûre sauvegarde contre les mauvaises passions, au moins ne sait-on pas qu'elle ait jamais enrichi personne à ce point de pouvoir se faire servir.

Et il me souvient aussi que nul ne songeait à récuser la sagesse de cet adage.

Donc, quand vous admirerez quelque merveille de Malines ou d'Alençon, ou bien seulement quand vous prendrez, pour sécher vos mains mouillées, le carré de toile qui pend au barreau de votre toilette, croyez-moi, envoyez une pensée vers la patiente et innombrable légion des pauvres fileuses, et j'en suis certain, le *point* magnifique, quel que soit le prix qu'on en exige, vous semblera taxé bien au-dessous de sa valeur réelle, et le plus humble tissu se trouvera tout à coup singulièrement relevé à vos yeux.

J'ajoute que s'il s'agit d'une étoffe quelconque d'origine orientale, comme par exemple d'une mousseline de Perse, d'un pagne chinois, ou d'un véritable châle de Kachemyr, vous pouvez en tous cas être assurée que les fils dont cette étoffe est composée ont été produits — et Dieu sait moyennant quel salaire ! — un par un, par deux doigts étirant lentement, minutieusement la *charge* d'une quenouille : car non-seulement les machines à filer sont encore complétement inusitées chez les peuples d'Asie : mais je ne sache pas même qu'ils aient adopté le rouet qui, en tant que procédé de filage à la main, et au moins pour le travail stable, régulier, obtient généralement chez nous la préférence sur l'antique, sur le classique fuseau.

Classique, **antique**, dis-je : deux épithètes que vous

serez assurément tentée de trouver parfaitement applicables à ce rouet que je mets ici pour ainsi dire en opposition avec le fuseau, car une opinion assez universellement répandue semble faire remonter aux temps les plus reculés l'invention de ce petit appareil, qui ne serait venu à nous qu'après avoir, pendant une longue suite de siècles, fait concurrence à l'instrument primitif. J'ai vu, par exemple, des peintres instruits, consciencieux (notez que je ne parle pas des artistes de la Renaissance, chez lesquels l'anachronisme est comme un charmant trait de caractère), placer un rouet dans quelque intérieur moyen âge, ou à côté d'une madone. C'est le fait des légendes pour la mise en scène desquelles le rouet a dû naturellement paraître, et non sans raison, un pittoresque accessoire; mais, en dépit de cette poétique appropriation, qui eut pour effet de lui constituer dès son origine une sorte de patriarcale sénilité, il n'en est pas moins vrai que, en face du fuseau, qui figure aux premiers âges bibliques, le rouet peut faire ses preuves d'extrême jeunesse, lui dont l'usage ne date guère que du milieu du xvie siècle.

Jusqu'alors le fuseau, aussi élémentaire, aussi simple que le jour où l'avait imaginé la première fileuse, était resté seul chargé de tordre et d'*envider* brasse à brasse tout le fil réclamé par les diverses industries. Tel s'en était servi Rachel ou Rébecca filant les toisons des troupeaux de Jacob ou de La-

tan ; tel il avait tourné aux mains de Livie, d'Agrip-
pine ou de Julie confectionnant la toge, ou le lati-
clave d'Auguste, qui, vous le savez peut-être, ne
voulait porter que des habits faits chez lui, par sa
femme ou ses filles ; et tel encore nous le retrouvons
entre les nobles doigts de la diserte Marguerite de
Navarre qui — autant qu'il me souvient de l'avoir
vu rapporté par un chroniqueur — « prenait d'aucunes fois et colonne (quenouille) et fuseau pour soi
ébattre en travail manuel, et si bien s'en escrimait
qu'on eût dit qu'elle fût née bachelette (bergère). »

Mais voilà que, vers 1530, si j'en dois croire la
tradition, frappé de la perte de temps occasionnée
par la double et fastidieuse manœuvre du fuseau,
qui, après avoir fait en descendant un nombre déter-
miné de tours pour produire la torsion du fil, devait,
pour le recueillir, revenir lentement, irrégulièrement
sur lui-même, certain bourgeois allemand, certain
Jurgen de Brunswick, se demanda s'il ne serait pas
possible d'obtenir en même temps, et avec quelque
précision, deux effets qui n'avaient été encore obtenus que successivement.

Rendant fixe ce qui jusque-là avait toujours été
mobile, Jurgen fit d'abord du fuseau l'axe d'une
roue communiquant à une pédale, puis il adapta à
ce même axe une bobine, à quelque distance de
laquelle fut maintenue une double branche de bois,
formant comme deux ailes au système central. Et il

mit en mouvement la petite machine en agissant sur la pédale. Il vit alors l'axe chargé de tordre les brins venus de la quenouille, tourner rapidement sur lui-même, tandis que les ailes, chargées de conduire le fil sur la bobine où il s'enroulait, accomplissaient une révolution plus lente, vu qu'elle était plus grande.

Et par cette très-simple, mais très-ingénieuse combinaison de deux vitesses différentes, résultant de la même impulsion, il se trouva avoir résolu le problème de la torsion et de l'envidage simultanés.

Le rouet était inventé, qui, en substituant le pied de la fileuse à l'une de ses mains, lui permit d'appliquer plus de soins à la préhension, à l'arrangement des fibres, et qui, tout en donnant une remarquable régularité au travail, en tripla au moins la célérité.

La découverte du bourgeois de Brunswick ne fit pas beaucoup de bruit; mais le rouet ne laissa pas cependant que de se répandre de proche en proche avec une certaine rapidité; car, à une époque relativement peu distante, on le voit intronisé sur presque tous les points de l'Europe occidentale à la fois. Quoi qu'il en fût, cette invention marqua dans l'industrie du filage une notable, bien que tardive transformation; mais, ce premier pas fait, deux siècles encore devaient s'écouler avant qu'on songeât à faire le second — que je serais tenté d'appeler une magistrale et décisive enjambée.

Il y a environ cent ans, les Anglais ne savaient encore fabriquer avec le coton seul que des mèches de lampes ou de chandelles. En tant que tissage, ils ne l'employaient que marié au lin, qu'ils tiraient tout filé d'Allemagne. Ce lin, suffisamment tordu pour pouvoir supporter la tension qu'exige le montage des fils sur le métier à tisser, constituait la *chaîne*, c'est-à-dire l'élément longitudinal de l'étoffe; le coton, dont, vu l'imperfection des procédés en usage, on n'obtenait encore que des fils d'une résistance bien moins grande, formait la *trame*, c'est-à-dire la partie que la *navette* déroule en allant et venant dans le sens de la largeur.

Ces tissus, nommés *futaines* (de Fustat, ville d'Egypte, d'où les premiers avaient été apportés), en réalisant un sensible progrès économique, ne pouvaient manquer d'être fort demandés. Aussi voit-on que déjà même au milieu du xvii° siècle « il n'y avait presque pas de petite paroisse d'Angleterre qui ne possédât, pour occuper les agriculteurs pendant la mauvaise saison, un certain nombre de métiers à tisser la futaine. » En principe, les paysans portaient à la ville les étoffes fabriquées avec du lin venu en fil de l'étranger, et du coton le plus souvent filé dans leur voisinage ; ils les livraient brutes ou écrues aux marchands qui les faisaient teindre, et en trafiquaient ensuite. Mais bientôt s'établirent les *maîtres en futaine*, véritables chefs manufacturiers, qui, résidant au milieu des tisserands, se chargeaient non-seulement de recueillir sur place les tissus sortant des mains de ceux-ci, mais encore d'approvisionner les ouvriers de lin et de coton filés.

Manchester, centre commercial déjà important, fut dès l'origine le point vers lequel convergeaient, pour s'éparpiller dans tous les districts du royaume, les produits de cette rustique industrie, qui suffisaient amplement aux besoins de la population. Mais voilà que Manchester s'avisa d'exporter ses futaines, aux-quelles de nombreux et importants débouchés s'ou-vrirent à la fois. Alors il arriva que la fabrication ne put plus répondre aux demandes, car, si l'Alle-magne fournissait encore une quantité suffisante de fils de lin, il y avait pénurie de fil de coton, vu le nombre relativement restreint de personnes occupées à les produire en Angleterre. Les futaines s'enle-vaient sur tous les marchés, et, alors qu'on en eût vendu le double, le triple, les *Futainiers* étaient obli-gés à de longs chômages, faute de matière à mettre en œuvre. « De la trame! de la trame! » s'en allaient demandant partout les tisserands, dont la navette était vide, et qui devaient se croiser les bras, quand ils auraient pu mettre si lucrativement à profit les moindres instants. Mais les fileuses avaient beau se hâter, se multiplier ; mais les maîtres en futaines avaient beau faire rechercher partout jusqu'aux der-nier écheveaux de coton filé, bien des tisserands

restaient encore condamnés au repos. La trame manquait de toutes parts.

Or, au plus fort de cette disette d'un nouveau
genre, certain jour de l'année 1764, au bourg de
Leigh, dans le comté de Lancastre, un pauvre homme,
nommé Thomas Highs, dont la profession consistait à fabriquer une des pièces principales du métier
à tisser, fut témoin du profond chagrin éprouvé par
un de ses voisins, qui, poussé du besoin et du désir
de travailler, et, bien que les commandes fussent
nombreuses, se trouvait réduit à une désespérante
inaction, faute de pouvoir se procurer quelques mal-
heureuses bobines de trame.

De là à déplorer qu'en fait de machines à filer, l'on
n'eût encore rien imaginé de plus expéditif que le
rouet, il devait n'y avoir qu'un pas pour Thomas
Highs, aussi bien que pour toute autre nature quelque peu compatissante ; mais, de l'expression de ce
regret à la conception de l'idée qui mettrait fin à ce
déplorable état de choses, la distance était de celles
que peuvent seuls franchir les hommes marqués du
sceau trop souvent douloureux du génie.

Ce sceau, Dieu venait d'en toucher Thomas Highs,
ou, pour mieux dire, l'arène du progrès venait de
s'ouvrir devant un nouveau martyr.

Highs, saisi d'une fiévreuse préoccupation, rentre
chez lui, s'assied, et, le front plissé, dirige d'étranges
regards sur sa fille, qui file près de l'âtre.

« Qu'avez-vous donc à me regarder ainsi, père? demande la fileuse qui peut-être n'avait jamais vu son père absorbé de la sorte.

— Rien, je n'ai rien; file, ma Jenny, file. Je pense à quelque chose... voilà tout. File, ma Jenny, ne t'arrête point, ne perds pas de temps; la trame manque aux tisserands, ils attendent. Il leur faut de la trame, beaucoup de trame; et les fileuses n'en produisent que trop peu. »

Jenny continue donc à filer, et son père la considère de plus en plus attentivement, et l'œil du père tantôt étincelle, tantôt devient morne, révélant le laborieux combat que dans son cerveau les idées ardentes livrent à l'ombre de l'inconnu.

Tout à coup Highs se lève, court à sa fille, la prend dans ses bras, l'étreint avec une sorte de transport frénétique, couvre son front de baisers, et, avant qu'elle ait eu le temps de se reconnaître, sort d'un pas précipité, laissant la simple enfant singulièrement ébahie.

Quelques minutes plus tard, Thomas Highs était assis en face de Kay, l'horloger du bourg qui, tout d'abord, lui aussi, s'étonna grandement de voir dans un pareil état d'animation un homme dont le calme était proverbial dans le pays. Mais bientôt voilà que les yeux de l'horloger brillent à l'égal de ceux de son interlocuteur, voilà Kay pris lui aussi d'un bel enthousiasme : c'est qu'il vient de lui être clairement démontré que s'il veut, lui, habitué à façonner des rouages et à régler des mouvements, prêter son secours à Highs, rien ne sera moins difficile que d'obtenir une machine qui, conduite par une seule personne, pourra faire la besogne d'un grand nombre de fileuses au rouet.

L'offre est acceptée. Rendez-vous est pris pour le lendemain dans le grenier de Highs, où les deux collaborateurs s'enfermeront pour travailler en secret à l'édification de la machine... Le lendemain, ils se mettent ardemment, fiévreusement à l'œuvre, et chaque jour ils se réunissent de nouveau...

Mais on ne tarde pas à remarquer le manége des deux hommes. On veut savoir le sujet de leur mystérieuse claustration quotidienne. On épie, on les questionne, mais on ne devine rien, mais ils s'obstinent à garder le silence. Et plusieurs semaines se passent, pendant lesquelles se succèdent, pour Highs et son compagnon, ces périodes d'extrême espérance et de froid désenchantement, qui sont le lot normal des chercheurs.

Une fois cependant que le succès leur semble assuré, qu'ils se croient à la veille de toucher au but, ils laissent percer quelque chose du grand dessein, qui touche à sa réalisation. Alors, sans avoir rien vu, on s'extasie sur ce qu'on doit voir ; et il n'est bruit dans tout le bourg que du merveilleux événement qui est prochain.

Mais quelque nouvelle difficulté survient dans le jeu définitif de la machine. Il faut annoncer aux impatients que le moment tant attendu est différé. Puis s'écoulent encore des semaines et des mois, sans que la machine fasse son apparition... Et, d'ailleurs, plus d'une fois dans l'intervalle, les inventeurs n'ont pas assez bien réussi à dissimuler le désappointement qui, à de certaines heures, s'est emparé d'eux.

Bientôt, le signal des railleries est donné par quelque plaisant, et l'on ne tarde pas à bafouer en chœur les pauvres hères, les sots qui ont voulu réaliser l'impossible : « Ah! les rêves creux! ah! les ambitieux! une machine à filer dix fils, vingt fils à la fois, est-ce que cela est faisable? est-ce que cela se verra jamais? est-ce qu'on ne l'eût pas déjà trouvée, si elle était trouvable, cette machine? est-ce que le monde serait devenu si vieux sans s'être avisé de cette invention? — Eh! Kay, mon ami, te paie-t-il bien au moins, ce brave Thomas, qui t'emprisonne si gentiment dans son grenier? — Eh! Thomas, est-ce que vous allez longtemps encore tenir notre horloger sous les verrous? — Eh! ma petite Jenny, ne vois-tu donc pas qu'il a le cerveau détraqué, ton bonhomme de père; qu'il fondra follement dans ses idées de filage mécanique jusqu'aux derniers pennys, que tu auras lentement gagnés en tournant ton rouet? Ne serait-ce point de ta part un acte de sagesse et de dévouement, que de chercher à le détourner de sa folie?

— Non, mon père n'est pas fou! riposte fièrement la brave fille, qui a foi, comme tous ceux dont le cœur est plein de vive affection; non, vous le verrez bien. »

Et alors on se moque d'elle comme on s'est moqué de son père; mais elle est la première à dire, à répéter au digne homme : « Ne vous rebutez pas, ne les écoutez pas, père; vous réussirez, je le sens, j'en suis sûre; et s'il faut que je travaille jour et nuit, et s'il faut que je me prive de tout, eh bien! je travaillerai, eh bien! je me priverai... »

Et Thomas Highs poursuit son but en compagnie de Kay, qui n'apporte plus à l'œuvre commune qu'un zèle considérablement refroidi par les quolibets, mais que la crainte même des moqueries empêche encore de s'avouer pleinement rebuté.

Un jour pourtant — ah! le beau jour pour les rieurs! ah! la grande fête pour les moqueurs! — un jour, à la fenêtre de ce grenier, vers laquelle tant de regards ironiques s'étaient levés depuis cinq ou six mois, n'aperçoit-on pas les deux hommes qui, semblant faire assaut d'entrain désespéré, lancent à qui mieux mieux sur le pavé de la rue toutes les pièces de la fameuse machine...

Puis on voit sortir de la maison l'horloger, qui, sans doute pour se soustraire aux railleries, se prend à les prodiguer au malheureux dont le découragement est peut-être son ouvrage.

Si l'on fit gaîment cercle autour de ces rouages disloqués, s'il y eut un concert de gorges-chaudes sur le malencontreux inventeur, je vous le laisse à penser.

Et pourtant, Highs, qu'accompagne, ou plutôt que devance sa fille, affronte presque aussitôt les humiliations, pour venir ramasser tous ces débris, qu'il réinstalle là où ils étaient, là où ils devraient être encore. Et il se remet seul à la poursuite de son beau rêve.

Et toujours les fils de coton manquaient aux tisserands qui, les ingrats, en manière de passe-temps, de triste compensation au dépit que leur causait le chômage, ne se gênaient pas pour aller crier devant la maison du pauvre chercheur : « De la trame, Highs! vous nous avez promis de la trame! Nous sommes au repos; tenez votre parole, de la trame, Highs, de la trame!... »

Mais voilà qu'un matin, comme trois ou quatre de ces cruels oisifs passaient en renouvelant leurs blessantes interpellations, la porte s'ouvrit, et, Thomas Highs parut, qui, souriant — Dieu sait de quelle façon — : « De la trame, répéta-t-il d'un accent singulièrement animé; c'est de la trame qu'il vous faut, eh bien! entrez, et demandez-en à *Jenny la fileuse*, je crois qu'elle pourra vous en donner.

— Jenny, **votre** fille?

— Non, la filleule de ma fille, car c'est du nom de la chère enfant qui m'a toujours soutenu, encouragé, que je veux que soit baptisée l'invention qui doit faire cesser le chômage des tisserands. Entrez, et voyez. »

Ils entrèrent, et virent la fille de Highs qui, par un simple mouvement imprimé d'une main à un léger levier, de l'autre à une petite roue, faisait manœuvrer huit ou dix fuseaux qui, d'eux-mêmes et tous ensemble, et avec la plus parfaite régularité, étiraient, tordaient, et envidaient autant de fils, et par conséquent suppléaient à autant de rouets servis par d'actives fileuses.

Et eux, d'être émerveillés, et plus encore, quand l'inventeur leur assura que ce n'était pas seulement huit ou dix fuseaux, mais cinquante, quatre-vingts, cent, qui pouvaient être mus de la même façon, par une même impulsion.

Alors ce fut à qui demanderait pardon à Highs de l'avoir méconnu, raillé; ce fut à qui irait répandre la grande, la miraculeuse nouvelle; à qui proclamerait bruyamment le haut mérite du pauvre homme.

Et la foule s'amassa, dans laquelle se trouva bientôt quelqu'un pour s'informer si Highs avait au moins bien rempli toutes les formalités touchant la *patente* (brevet d'invention), afin de n'être pas frustré des bénéfices de sa magnifique découverte.

Mais Highs répondit : « Non, je n'ai point rempli de formalités ; je n'ai pris, ni ne prendrai aucune patente. J'ai voulu que les tisserands anglais ne fussent plus exposés à manquer de fil de trame ; j'espère que, grâce à *Jenny la fileuse*, ils n'en manqueront plus ; vous pouvez aller dire partout que ma maison est ouverte à qui voudra venir voir et copier la machine ; et j'espère qu'on ne se fera pas trop prier pour se rendre à cette invitation.

— Pourtant, Highs, songez qu'il serait de toute justice qu'une aussi belle invention vous profitât.

— Attendez. Je compte prendre bientôt une patente, quoi que j'en dise : mais ce ne sera pas pour cette machine, ce sera pour une autre, qui est déjà toute trouvée, et qui fonctionnera sous peu, et qui m'enrichira, celle-là. Vous demandiez de la trame : en voilà. Mais il vous faut aussi de la *chaîne* ; vous en aurez, et, de même que j'ai suppléé aux lenteurs des fileuses d'Angleterre, de même je ferai que vous pourrez vous passer des fileuses d'Allemagne. Vous verrez, vous verrez !... »

. . . . . . . . . . . . . . . . . . . . . . . . . .

Et, pendant que les *Jennys* se multipliaient, en donnant un indescriptible essor à l'industrie anglaise, sans qu'il en revînt un schelling au libéral inventeur, le voilà qui, rendu plus ardent, plus sûr de lui par un premier succès, se remet vaillamment à l'œuvre.

Un an plus tard, le *throstle*, ou métier continu

(ainsi désigné par opposition au premier, où le tordage et l'envidage se produisent par intermittences), était établi dans la maison de Highs. Et l'inventeur put dès lors tout à son aise rêver pour lui, et pour sa chère fille, la fortune si bien méritée.

Mais l'inventeur était resté pauvre; il avait épuisé jusqu'à ses dernières ressources dans ses nouveaux essais, et, pour faire les frais d'une patente, il attendait d'avoir réalisé d'autre part la somme nécessaire. Notons que Thomas Highs, confiant, généreux, avait encore employé cette fois, en le payant, bien entendu, pour confectionner les principales pièces de sa machine, ce Kay, cet horloger, dont il avait si peu à se louer.

Et le bruit allait se répandant que l'inventeur de la *Jenny* venait de découvrir et tenait encore secrète une machine produisant des fils de chaîne, qui, pour la résistance et la régularité, ne le cédaient guère aux fils obtenus à la main.

Or, un jour, l'horloger vit entrer dans sa boutique certain étranger qui, affectant l'air profondément préoccupé, pour ne pas dire inspiré, venait, comme à un homme dont il avait entendu vanter l'habileté, lui demander son concours pour la réalisation d'une idée mécanique des plus importantes. Il ne s'agissait de rien moins que de la solution d'un problème jusqu'alors reconnu insoluble : le mouvement perpétuel.

L'homme était bien mis, il s'exprimait avec une séduisante facilité, il laissait entendre qu'il saurait largement rémunérer le travail de l'horloger.

Kay ne comprit absolument rien — et pour cause — au complexe et chaleureux exposé que l'étranger lui fit de son admirable invention, sinon qu'un homme qui paraissait avoir l'esprit sain, se disposait à poursuivre un projet insensé. Toutefois, comme il eût regretté de ne pas profiter de l'heureux hasard qui venait de le mettre en relation avec ce personnage, il se permit de remontrer à l'inventeur, selon lui fourvoyé, qu'au lieu de s'engager dans une entreprise aussi incertaine, et qui, dût-elle réussir, pouvait rester sans résultats immédiats, positifs, mieux vaudrait, lui semblait-il, qu'il s'occupât de trouver par exemple une machine à filer.

L'autre, aussitôt de se récrier, de s'étonner qu'alors qu'il parlait mouvement perpétuel, c'est-à-dire merveille des merveilles, on lui répondît, machine à filer, c'est-à-dire vulgaire engin industriel. Il atteste que son magnifique dessein est trop nettement élucidé, et sa résolution de l'exécuter trop bien prise pour qu'il consente jamais à s'en départir. Et il sort, en laissant voir une sorte d'indignation à l'homme qui n'a pas su le comprendre.

« Allons ! soupira l'horloger, j'ai manqué par mon trop de sincérité une belle affaire ! »

Mais le lendemain l'étranger revenait et singulièrement radouci, s'excusait de la brusquerie montrée la veille. Il reconnaissait qu'il pouvait y avoir du bon dans l'idée que l'horloger lui avait suscitée. La nuit porte conseil. Il avait réfléchi, et, sans abandonner le premier, le grand projet qui avait été jusque-là le rêve de sa vie, il voulait bien, dans un but d'utilité générale, en distraire un peu son attention, afin de songer à l'autre machine, pour l'établissement de laquelle il était d'ailleurs résolu à s'assurer n'importe à quel prix le précieux auxiliaire de l'horloger, et...

Et deux heures plus tard, Kay, rendu communicatif par le reflet de quelques guinées, livrait à l'étranger le secret de la machine que le pauvre Highs n'avait pu encore faire patenter — c'est-à-dire tout ce que le prétendu inventeur du mouvement perpétuel était venu chercher dans la boutique de l'horloger.

A quelque temps de là, une patente était prise, à Notthingham, pour une *fileuse continue*, de *l'invention* d'un nommé Richard Arkwright, aux gages duquel était depuis peu entré Kay, l'horloger du bourg de Leigh, le compatriote de Thomas Highs.

. . . . . . . . . . . . . . . . . . . . . . . . . . . .

Dix ans écoulés, tandis qu'une multitude d'établissements produisaient des quantités incalculables de fils de trame, à l'aide de la *Jenny*, vingt immenses filatures, appartenant en propre à Richard Arkwright, ou à ses concessionnaires, fournissaient à l'industrie des sommes non moins grandes de fils de chaîne, obtenus par le métier *continu*. La Grande-Bretagne alors, loin de demander rien à l'Allemagne pour ses fabriques de tissus, exportait, au contraire, de toutes parts, des fils sortant de ses usines.

En 1790, mourait à Cramford, l'un des hommes les plus riches, les plus fameux, les plus honorés de l'industrie anglaise, sir Richard Arkwright, baronnet, shérif du comté de Derbyshire, dont la célébrité et le renom avait un relief d'autant plus extraordinaire que chacun savait que, pour arriver à cette opulence, à ces honneurs, il était parti de la simple condition de barbier de village.

Quant à Thomas Highs, si j'écrivais le roman de sa vie — et la tentation m'en viendra peut-être un jour — je croirais ne pas m'éloigner de la vraisemblance en le faisant finir dans la plus humble pauvreté; car il va sans dire que l'homme qui l'avait dépossédé dut soigneusement, ou se garder de paraître jamais le connaître, ou éviter de s'intéresser à lui. Mais c'est l'histoire seule que je dois suivre; et l'histoire est restée muette sur le sort du modeste inventeur. Il n'a même pas dépendu, dit-on, de Richard Arkwright, qui avait tout intérêt à cette erreur, que le nom de Highs ne tombât entièrement dans l'oubli; car il paraît que, dans une notice publiée par lui à propos de *ses* machines, il attribue à

un autre, qui n'a fait que la perfectionner, la paternité de la *Jenny*.

A l'expiration des patentes d'Arkwright, du mariage des deux inventions de Highs naquit la *mull-
Jenny*, dont l'usage est aujourd'hui universellement
répandu, surtout pour le filage de la laine, tandis
que pour le filage du coton elle se partage les travaux
avec le *continu* proprement dit, qui est encore le
*throstle* des Anglais et qu'on a pu voir à la dernière
Exposition universelle produire jusqu'à *mille* fils à
la fois.

Enfin, que le véritable créateur de la filature automatique se soit éteint dans l'aisance ou dans la
misère, du moment où nous le savons délivré des
souffrances terrestres, ne trouvez-vous pas qu'il est
doux de penser que le touchant baptême donné par
lui à cette œuvre, dont il a, lui, pauvre, enrichi l'industrie, a triomphé de l'intrigue et de l'injustice
humaines.

Dans les ateliers anglais on dit la *Jenny*; mais,
dans les nôtres, j'ai plus souvent entendu dire la
*Jeannette*, et je sais qu'avant d'en connaître la raison
(d'ailleurs, combien d'ouvriers qui l'ignorent!) (1),

(1) « L'histoire industrielle, dit M. Alcan, comme son ensei-
gnement, n'offre encore ni unité, ni suite. Elle est surtout
ignorée de ceux auxquels il serait le plus utile de la faire connaître... Lorsqu'on compare l'indigence de l'histoire industrielle à l'histoire littéraire en général, on dirait qu'il s'agit
d'un hors-d'œuvre sans utilité; en conséquence, M. Alcan

cette dénomination me sembla toujours porter nécessairement avec elle quelque gracieuse, quelque poétique légende.

Maintenant que je vous ai fait connaître cette raison, je vous laisse le soin de décider si mes suppositions me servaient bien, et je retourne non pas à mes moutons — car je viens de vous dire que la double invention de Highs peut opérer aussi bien le filage de la laine que celui du coton — mais au lin et au chanvre, qui offrent une contexture fibreuse toute différente, et au filage desquels ni la *Jenny* ni le *continu*, alors qu'ils dataient déjà de trente ans, et même avec des modifications spéciales, restaient encore inapplicables.

Vous avez vu par suite de quelle situation exceptionnelle de l'industrie anglaise, alors tributaire du continent, le pauvre inventeur de Leigh réalisa ses conquêtes ; si vous voulez voir à présent ce que produisit un quart de siècle plus tard une sorte d'intervertissement dans les rôles des nations, laissez-moi vous conter une autre histoire.

souhaite, et nous ne pouvons qu'applaudir à ses vœux, que les places publiques de nos villes de fabrique soient honorées parles statues des grands inventeurs, dont les découvertes ont fait la prospérité du monde actuel ; que des bibliothèques publiques en propagent l'histoire ; que des leçons ou conférences multipliées cherchent à les rendre populaires et à faire passer leurs noms de génération en génération, à l'égal de ceux des grands poètes, des philosophes célèbres et surtout des capitaines... »

Un peu avant le commencement de la Révolution française, au village de Lourmarin, en Provence, dans un château bâti sur les bords du Jabron, petit affluent de la Durance, vivait un enfant nommé Philippe de Girard. Philippe appartenait à une famille protestante qui, noble et riche par héritage, faisait de ses richesses le plus noble emploi. Instruits et libéralement intelligents, les de Girard avaient su de vieille date mériter une sorte d'autorité morale et intellectuelle sur les populations environnantes. Ils descendaient, en outre, d'aïeux qui, à l'époque des persécutions religieuses, avaient préféré la mort à l'abjuration de leurs croyances.

Philippe avait donc reçu au berceau les plus généreuses traditions, et, dès ses premiers ans, l'on avait pu voir que les heureuses facultés de l'esprit s'uniraient en lui aux précieuses qualités du cœur.

Tout enfant, il essayait de marcher à la fois dans tous les sentiers du génie. Tantôt on le voyait construire de ses mains quelque ingénieuse machine, que le ruisseau du jardin paternel faisait mouvoir ; tantôt on le trouvait copiant, avec une vive pénétration des beautés naturelles, quelque site du voisinage ; tantôt il recueillait et classait les minéraux, les végétaux de la contrée ; ou bien encore il surprenait la famille réunie par quelque improvisation, où l'harmonie des sons le disputait à la richesse des pensées ; il célébrait, en vers naïfs, le beau soleil de Provence, les fleurs, joyaux de la terre, les douces félicités du foyer intime, la piété filiale, l'amour fraternel, la sainte charité... que sais-je?... — Ce fut en l'entendant réciter quelques-unes de ces compositions pleines de fraîches inspirations que le célèbre auteur de l'*Histoire philosophique de l'établissement des Européens dans les Indes*, l'abbé Raynal, ami de la famille, crut pouvoir prédire que Philippe serait un grand poète.

Si vous voulez tantôt vous souvenir que, dans l'ancienne langue grecque, qui nous l'a légué, ce mot de poète signifiait à l'origine : celui qui crée, qui invente, vous verrez que, tout en se trouvant démentie, la prédiction de l'abbé Raynal se réalisait, au fond, de la plus éclatante manière.

A quatorze ans, Philippe avait imaginé une machine pour utiliser la force de va-et-vient des vagues de la mer : un peu plus tard, il en trouvait une pour graver les pierres dures et reproduire en petit les statues.

La première de ces inventions a été négligée ; la seconde, reprise en sous-œuvre, ou plutôt découverte à nouveau par Collas, a créé une industrie fort importante, qui livre chaque jour quantité de copies exactes des chefs-d'œuvre de la statuaire.

La Révolution vint, qui, en proclamant la déchéance des antiques priviléges, fut une époque de proscription pour quiconque refusait d'adhérer au nouvel état de choses. Fidèles à des institutions qu'on n'eût peut-être jamais attaquées, si elles eussent trouvé beaucoup d'aussi nobles représentants qu'eux, les de Girard s'expatrièrent.

Philippe, qui n'avait pas seize ans, fut la providence infatigable de la famille exilée et pauvre. A Mahon, ville des îles Baléares, il suffit à l'entretien commun en peignant des portraits. A Livourne, où il passa ensuite, il établit une fabrique de savon, et demanda ainsi à l'industrie, sur la terre italienne, les ressources qu'il avait demandées à l'art sur la terre espagnole.

Quand l'Italie devint France par les victoires de nos armées, la famille dut chercher un autre asile; mais, en même temps que le territoire s'agrandissait, l'extrême rigueur des proscriptions diminuait. Les de Girard purent revoir leur patrie, mais non recouvrer leurs biens que l'orage révolutionnàire avait dispersés.

Philippe, se trouvant à Nice, apprit qu'un double concours était ouvert dans cette ville, pour la nomination d'un professeur à la chaire de chimie, et d'un professeur à la chaire d'histoire naturelle. Il se présenta et passa, presque sans préparation, deux brillants examens qui lui valurent d'obtenir les deux chaires. Il avait alors un peu moins de dix-neuf ans. Puis il professa encore la chimie à Mar-

seille, où il fonda les premières fabriques de soude.
Et enfin il se rendit à Paris, ce centre qui attire à
lui toutes les lumières, toutes les intelligences. Là,
Philippe répandit les découvertes, les inventions à
pleines mains. En même temps qu'il envoyait à
l'Exposition des lunettes astronomiques où le cristal
était remplacé par un, liquide, et des lampes à ni-
veau constant, auxquelles étaient adjoints pour la
première fois ces globes de verre dépoli qui sont aujourd'hui d'un usage général, il apportait aux machines à vapeur, nouvellement découvertes, d'importants perfectionnements qui ont été conservés. Je ne
cite que ses principales inventions...

... Et voilà de quelle façon Philippe donnait raison aux prévisions de l'abbé Raynal. Ne méritait-il
pas bien le titre de poète, cet inventeur, ce créateur
de tous les instants?

Philippe inventait, inventait toujours ; mais,
comme à la plupart des hommes de génie, il lui
manquait le génie de se faire valoir. Telles gens
qui n'avaient jamais rien inventé du tout s'appro-
priaient ses inventions, d'autres qui eussent pu, ou,
disons mieux, qui eussent dû le patronner, l'en-
courager, ne lui témoignaient que de l'indifférence.
Et Philippe restait pauvre, ainsi que sa famille,
qui, du naufrage d'une grande fortune, n'avait guère
sauvé que la maison patrimoniale de Lourmarin,
avec quelques-unes de ses dépendances.

Aux grandes guerres de la République avaient succédé les grandes guerres de l'Empire. On se battait presque partout en Europe : tous les peuples étaient en armes. Mais, de même qu'aux temps anciens, la haine mutuelle de Rome la glorieuse, et de Carthage la commerçante, décimait vingt nations, étrangères aux intérêts débattus, de même les immenses tueries d'hommes qui se firent pendant les quinze premières années de notre siècle, eurent pour principe la seule rivalité de l'Angleterre et de la France.

La France était à peu près maîtresse sur tous les points du continent, mais l'Angleterre, dont les nombreux vaisseaux croisaient sur toutes les mers, rendait, sinon impossible, au moins très-difficile, l'entrée en France des produits coloniaux. Plusieurs de nos industries, et notamment les fabriques de tissus, chômaient, faute de matières premières, qui abondaient chez notre active et opiniâtre rivale. L'héroïsme de nos soldats ne pouvait rien contre un tel système. Il fallait faire appel à la science, pour qu'à l'aide des ressources de notre sol, elle nous affranchît des obstacles que nous suscitait l'inimitié étrangère. C'est ce que fit l'Empereur Napoléon.

Jusque-là on était allé demander le sucre aux régions tropicales ; nos savants le découvrirent dans une modeste racine de nos jardins. Pour suppléer le coton, que les Anglais ne laissaient arriver qu'à leurs seuls ateliers, la terre française pouvait produire du lin en abondance : mais, pour que la fabrication des étoffes de lin pût faire concurrence à celle des étoffes de coton, il était besoin de trouver une machine propre à filer cette matière, qu'on était encore obligé de filer à la main, tandis que le filage du coton s'effectuait mécaniquement. Beaucoup d'essais avaient été tentés, qui avaient toujours échoué, vu qu'on ne songeait à rien autre qu'à obtenir ce résultat par des modifications opérées aux machines employées pour le coton et la laine. Il fallait qu'un élan du génie ouvrît une voie toute nouvelle. Napoléon le comprit bien quand il fit paraître, au *Moniteur* du 12 mai 1810, un décret dont la substance était celle-ci : « *Il sera accordé un prix d'un million de francs à l'inventeur, de quelque nation qu'il puisse être, de la meilleure machine à filer le lin.* »

La famille de Lourmarin, au milieu de laquelle Philippe se trouvait ce jour-là, était à table pour déjeuner lorsqu'arriva le journal qui contenait ce décret. Le père, qui l'ouvrit, le passa à son fils, en disant : « Tiens, Philippe, voilà qui te regarde. »

Philippe ne s'était jamais occupé, en aucune façon, de l'industrie dont il s'agissait.

« Un million ! » s'écrie-t-il, en jetant les yeux sur cette famille à laquelle sa piété filiale rêve aussitôt de rendre la fortune.

Puis il tombe dans une profonde rêverie, et se

promène seul pendant une heure sous les arbres du jardin... L'idée lui vient d'abord d'étudier tous les essais qui ont été faits; mais il se dit bientôt que l'importance du prix offert témoigne qu'on n'a rien obtenu de satisfaisant, et il se résout à entrer sans autre guide que son intelligence dans la voie des recherches.

Il se procure du lin, du fil, une loupe, de l'eau... puis il s'enferme dans sa chambre, et, tenant d'une main le lin, de l'autre le fil, il se dit : « Avec ceci, il faut que je fasse cela. »

Il détrempe ensuite dans l'eau le lin dont il examine en détail les fibres, qu'il fait glisser dans ses doigts, qu'il réunit, qu'il tord et dont il forme un fil très-fin... et il se dit encore : « Je n'ai plus maintenant qu'à trouver une machine qui fasse d'elle-même ce que je viens de faire avec les doigts. »

L'on se prend naturellement à sourire en entendant le grand inventeur se poser aussi naïvement le grand problème, et en le voyant silencieux, le regard attaché sur ce brin de fil... Mais, si l'on sourit, ce n'est pas avec l'intention de railler ce génie aux prises avec la difficulté, car, en même temps que le sourire vient aux lèvres, les larmes viennent aux yeux... Christophe Colomb était dans un moment de naïveté pareille, lorsque, mettant le doigt sur un vide de la carte du monde, il se dit pour la première fois : « N'y aurait-il pas une terre là ? » Quand, plus tard, l'*inventeur* de l'Amérique, dont les suppositions étaient devenues des convictions, fit part de son idée aux savants de son siècle, ces savants se moquèrent de lui... Et pourtant...

Et pourtant, comme la famille était de nouveau réunie le lendemain pour le repas du matin, Philippe, entrant dans la salle, s'écriait avec enthousiasme : « Le million est à moi, à nous!... la machine est trouvée!... »

La machine était trouvée, en effet, car, dès le mois de juillet de la même année, Philippe prenait le premier brevet d'invention, dans lequel étaient exposés les principes de la découverte, qui a permis depuis à l'industrie linière de recevoir une immense extension.

La machine était trouvée, mais restait à l'exécuter en petit d'abord, en grand ensuite; tâche bien rude, bien décevante, pour un homme à qui les ressources financières faisaient à peu près défaut.

Deux années furent employées à perfectionner, à compléter l'idée première, et, à la fin de 1813, après avoir mis dans cette entreprise jusqu'au dernier écu dont lui et sa famille purent disposer, Philippe de Girard avait établi à Paris une filature mécanique de lin.

Le problème était matériellement résolu, ou,

pour mieux dire, le million promis était légitime-
ment gagné... Mais cette récompense fut-elle remise
aux mains qui devaient la recevoir? Les hôtes de
Lourmarin recouvrèrent-ils la fortune si noblement,
si laborieusement méritée par l'un d'eux? Juste demande à laquelle on ne peut faire, hélas! qu'une
triste, bien triste réponse.

Sans doute, Napoléon aurait tenu sa promesse;
mais l'époque où Philippe de Girard accomplissait
sa magnifique victoire industrielle fut celle où le
grand guerrier, si longtemps victorieux, commença
à n'essuyer que des revers.

Napoléon déchu, les Bourbons ne devaient pas
regarder comme sacrés les engagements pris par
l'homme qui s'était approprié leur trône. Non-seulement Philippe n'obtint aucune récompense, mais
encore il se vit jeter en prison, faute de pouvoir
payer une somme de six mille francs, qu'il avait
empruntée dans les derniers temps. Ses amis ac-
quittèrent la dette, mais il dut s'expatrier. Il alla
en Autriche d'abord où, le premier, il fit naviguer
un bateau à vapeur sur un fleuve européen, puis en
Pologne, où il devint ingénieur en chef des mines, et,
soutenu par le gouvernement russe, fonda une filature de lin. Ce dernier établissement prit une telle
importance qu'il fut le centre d'une nouvelle ville
qui, sur les cartes actuelles, porte le nom de Gi-
rardof.

Pendant les vingt années qu'il passa en Pologne, Philippe ne se borna pas à la seule direction de sa filature. Son esprit chercheur enfantait chaque jour de nouvelles merveilles, qu'il laissait libéralement se vulgariser sans savoir en tirer profit.

Revenu en France en 1844, il visita l'Exposition, où, à proprement parler, dans chaque salle se trouvaient quelques-unes de ses inventions, envoyées par lui, ou inscrites sous des noms qu'il ne connaissait même pas.

Un an plus tard, mourait, âgé de soixante-dix ans, ce *grand poète*, qui avait fait pour la richesse de l'industrie universelle plus qu'aucun homme connu jusqu'alors, et à qui sa patrie n'avait jamais seulement accordé le moindre titre d'honneur.

Une réparation tardive est venue cependant.

Lille, centre de l'industrie linière, a élevé à l'inventeur de la machine à filer le lin une statue, fondue avec des canons pris à Austerlitz.

Ah! que voilà du bronze glorieusement détourné de son premier glorieux emploi!

Le département de Vaucluse a érigé une statue dans le village où est né et où est enterré d'ailleurs Philippe de Girard. Amiens d'abord, Paris ensuite ont donné son nom à l'une de leurs rues; et l'Etat fait aujourd'hui une pension à la nièce et à la petite-nièce de Philippe, seules survivantes de la famille de Lourmarin (1).

Désapprouverez-vous la double excursion que je viens de faire dans le passé? Trouverez-vous qu'en m'y livrant, je me sois inconsidérément écarté de mon sujet? — Non, sans doute, car, de même, par exemple, que vous trouveriez bien malavisé le cultivateur qui, au moment de vendre le grain de sa récente récolte, en assoirait le prix de revient d'après les seules dépenses de la moisson, en négligeant les frais de labourage et de semailles, par cela qu'ils remontent à l'année précédente, de même il ne vous semblera pas, j'imagine, hors de propos que, voulant vous faire estimer à leur taux moral les produits de l'industrie contemporaine, j'additionne, à la somme des efforts dont ils sont le résultat immédiat, les travaux, les luttes, les douleurs qui préparèrent, qui enfantèrent l'état actuel.

Toujours est-il que voilà trouvées les machines qui, aujourd'hui, filent à peu près exclusivement tout le coton, toute la laine et — quoi qu'il en soit de la routine ou de quelques conditions insolites — une grande partie du lin et du chanvre qui sont transformés en tissus.

En songeant que la fileuse de fer et de bois mue

(1) Les principaux passages relatifs à Philippe de Girard sont extraits de la *Jeunesse des hommes célèbres*, par l'auteur de ce livre.

par la vapeur ou la chute d'eau s'est partout substi-
tuée à la fileuse de chair et d'os, vous vous représen-
tez, j'en suis sûr, la filature comme un pays où
n'apparaissent que de rares créatures humaines, perdues dans un tumultueux enchevêtrement de pou-
lies, de courroies, d'engrenages, et où s'entendent
seuls les mugissements du moteur, les grincements
des roues; car vous vous dites que du moment où
la machine a pris à faire le travail des bras, les bras
doivent être inutiles. Grave est en ce cas votre
erreur, Madame. En voulez-vous la preuve! suivez-
moi... ou plutôt, non, car, pourquoi, lorsqu'elle se
présente si belle, vous ferais-je manquer l'occasion
d'échanger votre pauvre guide ordinaire contre le
plus autorisé des cicéroni. — Suivons ensemble
M. Jules Simon.

« Quand la balle de coton arrive à la fabrique,
elle ne contient qu'un coton emmêlé, sale, rempli
de débris de toutes sortes. On commence par l'éplu-
cher et le battre. Cette besogne se fait quelquefois à
la main, mais le plus souvent à l'aide de machines
qui ont reçu le nom de *loups*. Cette première opération s'appelle *louvetage*. On livre successivement
la matière ainsi préparée à deux machines, le *batteur
éplucheur*, et le *batteur étaleur*, qui recommencent
à peu près le même travail et rendent le coton sous
la forme de ouate. Les éléments de cette ouate sont
floconneux : ils ressemblent moins à des fils qu'à

une sorte de duvet. Pour commencer à les étendre dans le sens de la longueur et imprimer aux fibres une direction parallèle, on a recours à la machine à carder, qui donne au coton l'aspect d'un large ruban assez épais, et n'offrant que peu de consistance. On fait passer ce ruban par divers appareils qui l'étirent sans le tordre, par le *rota frotteur* qui l'étire en le frottant, par le *banc à broches* qui l'étire en le tordant, puis par une machine de doublage qui réunit plusieurs rubans en un seul. Une nouvelle machine prend ces rubans tous ensemble et les presse, les condense, pour leur donner plus de corps sous un moindre volume : c'est une opération analogue au *laminage* des métaux, et qui porte en effet le même nom. Ce n'est qu'à la suite du laminage que le coton est disposé sur la *mull-Jenny*... On dit que la *mull-Jenny* est la fileuse, que c'est elle qui file le coton ; il serait plus juste de dire qu'elle achève de le filer, qu'elle termine l'étirage et la torsion...

« Il y a trois ateliers dans une filature ; l'atelier de *l'épluchage* et du *louvetage*, l'atelier des *préparations*, comprenant la carderie, les étirages et le doublage, enfin l'atelier de la filature proprement dit. Le premier est le moins sain et le moins propre. Les machines y sont peu compliquées et en petit nombre ; mais la poussière et le duvet qui s'échappent du coton épaississent l'air, couvrent les vêtements, entrent dans les poumons, et causent souvent des maladies sérieuses. (L'auteur de l'*Ouvrière* pourrait noter ici que dans les pays de filature les médecins ont même donné à l'une de ces affections le nom significatif de phthisie *cotonneuse*.) Dans cet atelier, où il ne s'agit que d'étendre le coton avec la main, et de le présenter aux machines, on emploie presque exclusivement des femmes. Si le bâtiment a été construit spécialement pour cette destination, et que l'espace soit suffisant, on remédie en grande partie aux inconvénients du battage et de l'épluchage par une forte ventilation, qui appelle au dehors la poussière et le détritus du coton; mais il est beaucoup de centres industriels où les manufactures se sont établies dans des édifices dont la destination primitive était tout autre. Quelquefois aussi elles ont pris des accroissements successifs qui ont obligé le fabricant à entasser les machines et les travailleurs. Le sol est humide, les parois de l'atelier noires et encrassées, les fenêtres étroites et peu nombreuses. Les simples visiteurs ne peuvent respirer dans ces tristes salles, et les éplucheuses, qui doivent y passer douze heures par jour, résistent avec peine à cette atmosphère chargée de poussière et de débris végétaux.

« L'atelier des *préparations* est aussi un atelier de femmes. Les *soigneuses* de carderies, et en général les *femmes de préparation*, sont dans de bien meilleures conditions que les *éplucheuses*. Elles n'ont d'autres occupations que de présenter à la carde le coton

monté sur des cylindres, de surveiller la marche de
la machine, de rattacher les nattes qui se sont rom-
pues. Le travail demande plus de soin et d'attention
qu'il n'impose de fatigue. Dans les grands établissements construits et dirigés avec intelligence, l'air et
l'espace ne manquent pas, l'atelier est propre, et l'ouvrière ne subit d'autre inconvénient que celui d'une
température élevée sans être énervante (18 ou 20 degrés de température sèche). Les cardes, en assez peu
de temps, se remplissent de bourre, les dents s'émous-
sent ; il faut les débourrer et les aiguiser, opérations
très-malsaines... — L'aiguisage a cessé d'être dangereux depuis qu'il se fait à la mécanique. Le métier
de *soigneuse de cardes* serait donc, en somme, un
métier très-doux, s'il était toujours exercé dans des
conditions normales ; mais... dans un grand nombre
d'établissements, rien n'a été fait pour l'hygiène du
travailleur. La quantité des machines est si grande,
qu'on peut à peine circuler. Les femmes suspendent
le long des murailles les vêtements que la chaleur
les oblige de quitter... Malgré les recommandations
pressantes de l'autorité, les engrenages, qui donnent
le mouvement à la machine, ne sont pas toujours
enveloppés de boîtes : les vêtements, les membres
peuvent être saisis, et, pour éviter des accidents ter-
ribles, les ouvrières sont obligées à une attention
perpétuelle sur elles-mêmes.

« Le troisième atelier de la fabrique, celui qui renferme les métiers à filer, semble un palais, si on le compare aux deux autres... L'espace nécessaire au mouvement du *chariot*, qui porte les broches ou fuseaux, est considérable, de sorte qu'il y a toujours un petit nombre d'ouvriers dans une vaste pièce... Le fileur n'est plus qu'un surveillant, et il peut aisément conduire deux métiers, c'est-à-dire quelquefois plus de deux mille broches... Chaque fileur a près de lui, sous sa direction immédiate, un ou deux rattacheurs... Ce sont des enfants ou de très-jeunes gens, dont la besogne consiste à rattacher les fils qui se cassent pendant l'étirage.

« Il ne nous reste plus à visiter dans la filature qu'un seul atelier, et celui-ci n'occupe que des femmes... C'est l'atelier du *dévidage* et de l'*empaquetage*. On y apporte dans de grands paniers les broches couvertes du fil destiné à être dévidé. On forme de ce fil des paquets ou écheveaux, que l'on pèse avec soin...

« ... Entre une filature de coton et une filature de lin, de chanvre ou de laine, il y a d'inévitables différences, mais le travail des femmes demeure à peu près le même ; ce sont toujours des éplucheuses, des soigneuses de carderie et de préparation, des rattacheuses et des empaqueteuses. La laine produit moins de poussière que le coton, et n'a point au même degré l'inconvénient de charger et d'empester l'atmosphère, d'adhérer aux cheveux et aux vêtements. L'odeur de l'huile, qu'on ajoute à la laine pour la lubréfier et faciliter le cardage et le peignage, n'est désagréable que pour les étrangers ; les ouvriers ne la sentent plus. En général, le filage de la laine est moins pénible et moins pernicieux que celui du coton. Plusieurs filatures de laine sont remarquables par leur propreté et leur élégance. Au contraire, les préparations du chanvre, du lin et surtout des étoupes dégagent une poussière abondante et malsaine. On ne peut les carder et les filer qu'à une température élevée et avec addition d'eau. Rien n'est plus douloureux à voir qu'une filature de lin mal entretenue. L'eau couvre le parquet pavé de briques ; l'odeur du lin et une température qui dépasse quelquefois 25 degrés répandent dans tout l'atelier une puanteur intolérable. La plupart des ouvrières, obligées de quitter la plus grande partie de leurs vêtements, sont là, dans cette atmosphère empestée, emprisonnées entre des machines, serrées les unes contre les autres, le corps en transpiration, les pieds nus, ayant de l'eau jusqu'à la cheville... »

Tel est le tableau sommaire que trace M. Jules Simon de l'intérieur de diverses filatures. Dites, que vous en semble?

Peut-être soupçonnerez-vous le philanthropique écrivain d'y avoir à plaisir prodigué les ombres, dans l'intérêt de la thèse qu'il soutient. Je pourrais pour ma part vous affirmer la parfaite vérité de cet exposé;

mais que vaudrait mon assertion, si vous récusiez la sienne? Je préfère — pour le contrôle du dernier trait seulement, et en même temps parce qu'on y trouve énoncée une heureuse, une consolante prévision — faire appel à un témoignage qui n'a pas été, que je sache, porté sous l'empire d'une préoccupation aussi exclusivement philosophique. « On signale avec raison — dit M. Alcan, au cours d'un compte-rendu de l'Exposition universelle de 1867 — dans la filature du lin telle qu'elle est pratiquée, l'intervention de l'eau chaude dans les métiers à filer, la chaleur humide qui se dégage dans les ateliers, et les conséquences fâcheuses d'une atmosphère constamment humide. Les femmes qui y sont occupées sont obligées de se dépouiller en partie de leurs vêtements, et sont parfois forcées de sortir de l'atelier pour s'approvisionner suffisamment d'air sec et pur... Nous avons été nous-même témoin de faits de ce genre. Nous avons parfois rencontré de pauvres ouvrières forcées de stationner plus ou moins longtemps dans des cours découvertes, pour se remettre de suffocations éprouvées à l'intérieur des ateliers dont nous parlions plus haut, plus semblables à des étuves sans ventilation qu'à des usines établies dans des conditions hygiéniques convenables. *Nous éprouvons d'autant moins d'embarras à signaler ce vice, que nous entrevoyons sa disparition prochaine plus ou moins complète, car le remède existe et*

8.

*peut être appliqué aussi bien au profit des travailleurs que des industriels exploitants.* » (Le remède, selon M. Alcan, qui paraît être le promoteur de cette idée, consisterait à opérer préalablement, au moment du filage, la désaggrégation des fibres que produit la chaleur humide.)

Puissent donc les filateurs prendre bonne note de cette déclaration, afin que le savant professeur ne soit plus seul à constater « que la pratique entre dans la voie vraie et salutaire ! »

Quant à nous, maintenant que nous avons vu de quelle façon et par quels soins s'obtiennent les fils divers, éléments des divers tissus, acheminons-nous vers les ateliers de tissage, où nous n'entrerons pas cependant sans nous être arrêtés à causer un instant avec le teinturier, chez qui très-souvent les fils sont envoyés en *flottes* (écheveaux), la teinture en *pièce* n'étant réservée qu'à un nombre d'étoffes assez restreint...

Mais vous me faites observer que j'ai laissé la soie en cocons, et qu'assurément ce n'est pas en cet état que le teinturier peut la recevoir. Vous avez au moins trois fois raison ; car elle n'arrive guère aux mains de cet artisan qu'après avoir subi au moins trois opérations principales.

Il faut d'abord procéder au *tirage* du cocon, c'est-à-dire au dévidage de la pelote, au sein de laquelle le *magnan* s'est enfermé.

Pour cela faire, on jette un certain nombre de cocons dans une bassine contenant de l'eau à peu près bouillante, laquelle a pour effet de ramollir le vernis gommeux qui tient les spires du fil adhérentes les unes aux autres.

Une femme, assise devant cette bassine, prend à la main un petit balai de racines de chiendent ou de brindilles de bouleau, avec lequel elle frappe légèrement les cocons nageant sur le liquide brûlant. Cette manœuvre a pour but d'accrocher avec les brins rugueux du balai, d'abord la bourre ou frison, composée des fils que l'insecte a jetés pour fixer son linceul (1), et enfin de saisir le bout du fil continu qui forme par ses évolutions le corps du cocon.

Quand la fileuse a réuni dans sa main deux ou trois de ces bouts, elle les jette ensemble sur une roue ou dévidoir, qu'une autre femme met en mouvement, d'ordinaire avec le pied ; et le filage est commencé, qui se continue jusqu'à ce qu'il n'y ait plus de cocons à jeter dans la bassine.

Je viens de vous décrire le filage, ou tirage primitif. Autrefois — c'est-à-dire il y a encore vingt ou vingt-cinq ans, et pour parler seulement de ce que j'ai pu voir moi-même — il n'était guère de canton dans les départements de Vaucluse, du

(1) Cette bourre, cardée et filée ensuite, comme la laine ou le coton, constitue, selon les *façons* qu'on lui donne, la *filoselle*, le *fleuret*, qui sont employés pour la bonnetterie, les châles dits de fantaisie, les soies à coudre...

Gard, de la Lozère, de l'Hérault, qui, pour tirer la soie des cocons produits dans la localité, n'eût quelqu'un de ces petits ateliers où l'on comptait autant de fourneaux allumés que de bassines, et autant de tourneuses de roues que de fileuses. Les travaux commençaient aussitôt après le déramage, et se prolongeaient pendant deux ou trois mois, selon la quantité de cocons que le pays avait fournie.

Il n'y avait guère là que deux, trois, quatre fileuses au plus, et partant le même nombre de tourneuses, en tout six ou huit personnes. Mais, établis pour fonctionner seulement durant la belle saison, sous quelque remise dont les vantaux restaient ouverts à tout venant, ces ateliers étaient autant de centres singulièrement animés. Là se rendaient pour jaser, en ayant l'air de tricoter, les commères oisives. De là partaient de joyeuses interpellations à l'adresse des passants, qui entraient pour y répondre. Là venaient les enfants s'approvisionner de *babouins* pour aller pêcher à la ligne dans la rivière (babouin est le nom qu'on donne aux chrysalides du ver à soie, appât dont les barbillons, les *chevannes* sont très-friands). Je les vois encore, ces fileuses aux doigts blanchis, crispés, endoloris par la chaleur de l'eau, où elles les plongent à tout instant ; je les vois installées de côté devant la bassine fumante — et trop odorante — où tournoient les cocons au bout du fil que le dévidoir attire. Je les vois encore ces tourneuses, qui dansent en boitant sur la marche ou pédale de la roue, cramponnées d'une main à la corde noueuse qui descend des poutrelles du toit. J'entends encore les rires, les chansons, les sémillants propos du filage villageois.... Mais ces bons lointains souvenirs, je crois qu'il me serait difficile aujourd'hui de trouver à les renouveler, car aujourd'hui, du moins en France, le filage villageois a presque partout disparu, partout détrôné par les populeuses, les immenses filatures où un seul générateur de vapeur échauffe à la fois des centaines de bassines, en même temps qu'il meut des centaines de dévidoirs. Point de tourneuses, mais dix fois, vingt fois plus de fileuses, car aujourd'hui ce ne sont plus comme autrefois les soies indigènes seulement qui se tirent en France, beaucoup de pays étrangers, notamment l'Amérique, nous envoient leurs cocons à filer.

Lorsqu'on a dévidé le fil, ou plutôt les fils de cocon, car je vous ai dit qu'on en marie deux ou trois pour composer le brin de soie marchande, on n'a obtenu encore que la soie écrue, ou, pour employer le terme consacré, la soie *grége*.

Cette soie est ensuite portée chez le *moulinier*, dont le travail consiste à la doubler et à la tordre, pour lui donner la résistance ou le titre qu'exigent les diverses destinations industrielles. Chez les mouliniers, ce sont généralement des machines qui opèrent, mais surveillées, servies par un grand nombre de femmes, qui ont pour tâche de rajouter, de renouer les fils qui se rompent, et d'enlever ou remplacer les obines vides ou pleines.

Il n'est, je crois, pas superflu de vous dire que, du moment où les machines du moulinier les ont *ouvrées*, les soies gréges perdent leur nom primitif, pour en prendre différents autres indiquant, en même temps que le nombre de fils dont elles sont formées, le plus ou moins de *tors* qui leur ont été donnés.

Par exemple, le *poil* ou *premier tors* est une soie qui n'a qu'un seul bout très-tordu, et s'emploie pour les rubans légers, les broderies : la *trame* est composée de deux bouts n'ayant reçu qu'un faible *tors*, son nom vous dit sa destination ordinaire; l'*organsin* — a cause duquel les mouliniers sont quelquefois appelés *organsiniers* — est formé de deux ou trois bouts deux fois tordus, et sert généralement pour la chaîne des tissus... J'en passe quelques autres.

Les soies moulinées, il faut encore — à moins qu'elles ne soient destinées aux crêpes, aux blondes — les *décreuser*, ou débarrasser de l'enduit qu'elles ont jusque-là conservé, et qui empêcherait l'adhérence des matières colorantes, et les *cuire* ou assouplir; c'est à l'aide de l'immersion et du bouillissage dans des eaux de savon qu'on obtient ces deux ef-

fets. C'est en soumettant les soies aux vapeurs sul-
fureuses qu'on les blanchit quand elles ne sont pas
originairement blanches.

Enfin elles vont à la teinture.

# VIII

## LA TEINTURE

Vous n'avez pas connu le père *Tingendi* — comme
nous l'avions surnommé un jour à la fabrique — et
je crois pouvoir vous affirmer, Madame, qu'il y a
lieu pour vous d'en éprouver quelques regrets : car,
bien qu'en apparence perdue dans une ombre relative,
elle ne laissait pas que d'avoir un certain caractère
de grandeur, la personnalité de cet homme, chez qui
la longue pratique d'une profession — d'ailleurs
toute d'observation, d'étude — avait allumé une
sorte de culte fervent pour cette profession elle-
même. Il y a de ces enthousiastes dans l'industrie,
voyez-vous, Madame, autant et plus peut-être que
dans les sphères purement artistiques. Pour ma part,
j'en ai connu beaucoup. Laissez-moi vous en présenter un.

Nous l'avions surnommé, vous ai-je dit, *Tingendi ;* vous verrez tout à l'heure à quelle occasion.
Il était *coloriste...* mais, comme cette dénomination

pourrait, par analogie, vous donner une fausse idée de son rôle, j'aime mieux vous dire que ses fonctions consistaient à préparer ou plutôt à diriger la préparation des *couleurs* devant servir à la teinture et à l'impression des étoffes, — fonctions importantes, considérables ; car, de son savoir et de ses soins dépendaient la fraîcheur, la beauté, l'aspect séduisant des produits de la manufacture.

Dans la rue, vous eussiez sans doute passé sans remarquer ce petit vieillard courbé, ridé, blanchi, à l'humble et morne allure, au front penché, aux regards absorbés, à la tenue plus que négligée, car ses habits étaient çà et là couverts de tâches barriolées, ou corrodés par des éclaboussures d'acide, et ses mains apparaissaient à l'ordinaire, selon le labeur de la journée, variablement multicolores... mais alors, c'était, à proprement parler, un être dépaysé, un corps errant sans son âme, — un marin à terre.

Il y avait, ouvrant sur la cour de la fabrique, une sorte de vaste sous-sol voûté et suffisamment sombre, encombré de barriques en perce ou défoncées, de sacs ouverts, de dames-jeannes, de bocaux, de jattes, de cornues, de tubes, d'entonnoirs, d'éprouvettes. Là grondaient des fourneaux ardents, là bouillaient, dans des chaudières de cuivre brillant, des mixtions que deux ou trois noirs marmitons remuaient avec de grandes cuillers ou de longues spatules, et qui vomissaient d'épaisses vapeurs âcres et nauséabondes. C'était là, au travers, je serais presque tenté de dire dans l'auréole de ces nuages, qu'il fallait le voir, allant, venant, méditant, agissant, tantôt pesant, dans les grosses balances de fer qui pendaient du plancher brumeux, ou sur le trébuchet fixé à une noire console, des sels, des terres, des herbes sèches ; tantôt mesurant avec son litre d'étain, ou son verre gradué, des extraits, des solutions, qu'il allait jeter dans les chaudières en ébullition, ou mises à refroidir ; tantôt essayant avec le bout du doigt sur des lambeaux d'étoffe la teinte obtenue, ou bien encore consultant, assis ou accoudé, les vieux livres et les grimoires dont sa table et plusieurs rayons étaient chargés : étiquetant un flacon, constatant, dans une urne de verre où plongeait son pèse-liqueur, la densité d'une décoction... que sais-je enfin ?

C'était là qu'il fallait le voir, car, alors, non-seulement l'âme avait rejoint le corps, mais il semblait presque que ce fût elle seule qu'on aperçût ; le front se redressait, l'œil flamblait, le pas était ferme, le geste sûr, la pose — disons le mot — inspirée, car le père *Tingendi* n'était rien moins qu'un esprit froid, qu'une intelligence routinière : il pratiquait en théoricien éprouvé et avide, et curieux de progrès ; et, bien qu'il appliquât les fruits d'une longue expérience à une destination toute spéciale, on ne pouvait méconnaître que le cercle de ses études n'eût été aussi sérieux qu'étendu. Le latin lui était même si familier, qu'il paraissait parfois oublier qu'autour de lui tout le monde ne l'entendait pas. C'est d'ailleurs à cette circonstance que se rattache l'origine du surnom que nous lui avions donné ; et voici, Madame, comment la chose arriva.

« Comprenez-vous — nous dit-il un jour qu'au retour du repas nous étions rassemblés dans la cour de la fabrique, en attendant le coup de cloche, et que, le voyant passer, nous l'avions accosté, pour le mettre — c'était facile et plaisant — sur le chapitre de sa profession — comprenez-vous ce Pline, un grand naturaliste, un philosophe, un homme intelligent enfin, qui ose écrire dans son livre, un livre d'ailleurs magnifique, les paroles que je vais vous redire. *Nec tingendi rationem omississemus, si unquam ex liberalium artium fuisset.* Oui, Messieurs, oui : *Nec tingendi...*

Mais vingt voix d'ouvriers l'interrompirent, qui répétaient interrogativement : *Tingendi? tingendi?...* »

— Ah ! c'est juste ! — fit le vieillard en se frappant le front — pardon, Messieurs, pardon ! en d'autres termes, Pline, un ancien, un célèbre auteur latin, nous dit que *s'il a négligé de décrire les procédés de la teinture, c'est parce que la teinture ne fit jamais partie des arts libéraux.* Comment trouvez-vous la raison? et ne voilà-t-il pas une belle et honnête condamnation prononcée sur un art qui, libéral ou non, n'en est pas moins un des plus anciens, et des plus merveilleux de tous? La teinture, Messieurs, ou, si vous aimez mieux, la science de composer, d'employer les couleurs : mais les peuples s'en sont tous occupés dès leur origine. Ils se sont peints le visage avec les sucs des plantes; ils ont trempé la dépouille des animaux dont ils se sont couverts dans les solutions minérales, terreuses, dans le sang, et, du jour où ils ont eu l'idée d'étirer ou tordre en fils les toisons et les fibres végétales, et d'en former des tissus, ils ont pensé à rehausser l'aspect de ces tissus par la teinture. Voyez les enfants, est-ce que leurs premiers regards attentifs ne sont pas pour quelque vive couleur? Voyez le sauvage nu, est-ce qu'il ne s'affuble pas de plumes, de coquillages, de pierres aux teintes brillantes; et en quoi réside l'attrait principal de la généralité des fleurs, sinon dans les splendides nuances que le grand teinturier du ciel a répandues sur elles?...

« Ah ! la curieuse, la belle, l'intéressante histoire à faire que celle des progrès de cet art aussi vieux que les sociétés ! Dût-on partir seulement de l'époque où nos fières aïeules, les blanches Gauloises, broyaient entre deux pierres le *vouède*, à l'aide duquel elles donnaient à leur teint le *magnifique* reflet verdâtre, qui, paraît-il, constituait alors un fard de suprême bon goût. Quel chemin semé de laborieuses expériences, de surprenantes découvertes, pour arriver à notre époque où tous les éléments, tous les règnes de la nature, tous les êtres et toutes les choses, de toutes les latitudes et de toutes les régions, sont en quelque sorte mis à contribution, pour produire cette infinité de couleurs humbles ou éclatantes qui sont, et la délectation des yeux, et aussi même la traduction des sentiments.

« N'est-ce pas la teinture qui, en même temps qu'elle diversifie pour nous l'aspect de nos demeures, de nos édifices, met encore sur nos habits l'indice de fête, ou la livrée de deuil ? N'est-ce pas elle qui prend en quelque façon les rayons du soleil pour en mettre les décompositions sur les produits de création humaine ? — Son œuvre est universelle. Elle est du luxe, de l'hygiène, de la joie, de la tristesse. Mais aussi, pour accomplir sa multiple, son immense tâche, à combien de sources va-t-elle puiser ? Vous êtes loin peut-être de vous en faire une juste idée. Tenez... » — le vieux teinturier tira de sa poche, qui en était ordinairement remplie, un fragment d'indienne commune, et l'étalant devant lui : « tenez, reprit-il, je n'en veux pour exemple que cette simple bribe de tissu tombée d'une des *pièces* que nous fabriquons ici. — Combien y a-t-il de couleurs là-dessus ? une, deux, trois, quatre, cinq ? — Cinq en tout, et des plus ordinaires, des moins coûteuses ; eh bien, Messieurs, pour produire ces cinq couleurs seulement, savez-vous qu'il a fallu que beaucoup d'hommes passent les mers, descendent dans les entrailles du globe, que des animaux travaillent ou périssent, que des herbes soient cueillies, des arbres abattus, que des métaux soient décomposés, des gaz liquéfiés, des liquides évaporés... Que sais-je? et que sais-je encore? ah ! l'énumération serait longue. Ne la poursuivons pas ; procédons catégoriquement.

« Tenez, voici d'abord du noir. Comment obtiendrons-nous ce noir. En mélangeant une décoction de *noix de galle* avec des sels de fer et de cuivre. Qu'est-ce que la noix de galle, que nous avons concassée et fait bouillir pour en extraire le principe colorant?

« Êtes-vous d'humeur pérégrinante?... Suivons alors les traces et l'exemple du « jeune et beau Dunois » et « partons pour la Syrie. » — Là, nous trouverons, aux environs d'Alep, des bocages de chênes d'une espèce toute particulière, car ils n'ont rien du port majestueux de leurs frères, les rois séculaires de nos forêts ; de véritables arbrisseaux, des amours de petits chênes, enfin. Entrons dans le taillis, et maintenant guettons. Regardez, voici venir, agitant ses ailes de gaze, une jolie, une mignonne mouche qui se pose sur la feuille de quelque jeune rameau, et qui, après avoir paru goûter à l'épiderme, que frôlait en même temps la pointe de son abdomen, s'envole pour aller visiter une autre feuille. Qu'a fait là cette mouche? — Deux choses : elle a perforé le tissu végétal jusqu'au milieu de son épaisseur, et tout à côté elle a pondu un œuf. Pourquoi la perforation du tissu? Parce que la mouche sait que l'arbrisseau distillera par cet orifice un suc propre à nourrir la larve qui doit éclore.

« Voilà en effet que bientôt, et peu à peu, tout autour de l'œuf se forme, de la plus pure séve du végétal, un bourrelet, une excroissance charnue, une sorte de bille au centre de laquelle le petit animal naît, s'alimente, grandit, et d'où il s'échappe enfin en la perçant, quand les ailes lui sont venues.

« Cette excroissance, cueillons-la et emportons-la, car c'est la noix de galle, ou, pour mieux dire, un globule de suc de chêne solidifié, une bille de *tannin*. Or, ce tannin, en se combinant avec des sels métalliques, doit nous donner une belle et solide couleur noire. L'encre n'a pas d'autres principes.

« Ces sels, que nous mélangeons à l'extrait *gallique*, d'où nous viennent-ils? soit qu'ils aient été formés naturellement, soit que l'industrie les ait produits de toutes pièces? de quelles profondeurs ont été tirés, et sous quels cieux sont venus au jour les métaux dont ils sont la base? Salut aux mineurs chiliens, mexicains, anglais, français, saxons, qui ont exposé leur vie pour qu'il nous soit possible de faire du noir !

« Ce noir, pour l'empreindre sur l'étoffe, et afin

qu'il ne *coule* pas, il importe de l'*amidonner* ou le *gommer*.

« Si, amidonner : à l'œuvre je vous prie, laboureurs, semeurs, sarcleurs, moissonneurs pour nous donner le blé ; à ton moulin, meunier, pour broyer ce grain d'où nous viendra la fécule. — Si, gommer : en route, Messieurs, pour le Sénégal, où nous recueillerons sur le tronc de divers acacias — comme nous pourrions d'ailleurs la prendre sur nos arbres fruitiers indigènes, mais moins pure et moins uniformément soluble — cette gomme qu'on appelle encore *arabique*, bien que depuis longtemps l'Arabie ne nous l'expédie plus.

« Voici le noir obtenu, mais nous voyons encore là-dessus du jaune et de l'olive. Préparons donc les *mordants* de ces deux teintes.

« Mais d'abord qu'est-ce qu'un *mordant* ? — Berthollet qui, par parenthèse, a eu l'honneur de protester en termes indignés contre le *Nec tingendi* de Pline, Berthollet le définit « une substance qui sert d'intermédiaire entre les matières colorantes et les fibres que l'on teint, soit pour faciliter leur combinaison, soit pour la modifier. » C'est le langage clair, mais technique d'un savant. Bernard de Palissy, qui n'était pas seulement un émailleur de génie, dit, lui, en des termes plus familiers, que « c'est comme une *chambrière* (servante) qui ôte la couleur à l'un pour la bailler (donner) à l'autre. »

9.

Et Palissy a été très-exact tout en étant très-compréhensible pour tous. Vous allez, je crois, en être convaincu dans quelques instants.

« Je prends de l'alun que je dissous dans de l'eau. — L'alun a pu nous arriver de la Hongrie, de la Grèce où on le trouve à peu près tout préparé, ou bien être extrait en France de la plus pure argile. — Cette solution est complétement incolore, j'y introduis une certaine quantité d'acétate de plomb, ou si vous aimez mieux de *sel de Saturne*, — pour parler le langage des alchimistes qui dans leur rêverie avaient voulu trouver des affinités entre les planètes et les métaux, et avaient placé le plomb qu'ils croyaient apte à dévorer ses confrères, sous l'invocation de la vieille divinité qui passait son temps à consommer sa progéniture ; — par cette nouvelle addition, je n'ai pas coloré davantage le mélange ; j'y jette encore un peu de craie, qui fait se produire un précipité, — effet que je n'analyserai pas, car ce n'est pas un cours de chimie que je professe. Ce liquide forme le mordant de jaune, — j'en prends à part une partie dans laquelle je laisse tomber quelques gouttes de solution ferreuse, qui le brunit un peu, mais sans lui communiquer cependant aucune teinte particulière. C'est le mordant d'olive. J'applique ces mordants sur la toile, où ils ne laissent que de ternes et insignifiantes empreintes. Mais n'importe, la *chambrière* est à son poste, prête à dévaliser, au profit des fibres

qui la portent, la première matière tinctoriale, déva-
lisable, qui s'approchera.

« Et maintenant, venez : nous avons déjà fait de
l'entomologie, de la minéralogie ; nous avons fouillé
le sol, franchi l'océan, visité les forêts du Nord et
les oasis de l'équateur, je vous propose une promenade botanique dans nos campagnes, et en même
temps une récolte rustique d'un genre assurément
tout nouveau pour vous. — Munissez-vous à cet
effet d'une petite pelle et d'une petite corbeille. Partons.

« Vous connaissez le réséda odorant des jardins,
qui est une humble plante annuelle chez nous où
l'hiver la fait mourir, mais qui, dans les pays chauds,
dont elle est originaire, devient presque un arbre. Le
réséda odorant a dans nos campagnes un frère légi-
time, car — à part le parfum que notre réséda ne
possède pas — il n'y a de différences dans les deux
plantes que par la découpure des feuilles et le *port* des
tiges. Notre réséda indigène étale d'abord sur la terre
une large rosette de feuilles, puis, lorsqu'il veut fleu-
rir, du centre de la rosette part une longue fusée
verte chargée de boutons, qui s'élance jusqu'à trois
ou quatre pieds, et qui en montant produit des rameaux latéraux se dressant autour de la tige principale.

« Vous l'avez certainement vue et remarquée cette
plante, car elle figure à peu près le grand chandelier

multibranche de l'Apocalypse. Pour les botanistes, c'est le *réséda luteola ;* pour le vulgaire et pour nous, c'est l'*herbe à jaunir*, le *lis des teinturiers*, la *gaude* enfin. Tenez, la voilà sur la marge des chemins, et même dans les fentes des vieux murs, car, loin d'être difficile sur le choix du terrain, on dirait, au contraire, qu'elle affectionne de préférence les maigres sols, d'où elle sait merveilleusement extraire la plus grasse subsistance.

« Cueillez seulement les fusées fleuries ou portant les capsules pleines de graines noires : faites-en un paquet, une botte et mettez-la sous votre bras.

« Et maintenant il s'agit d'utiliser la pelle et le panier que nous avons apportés. Me promettez-vous d'être braves, très-braves ? — Oui. En ce cas, allons.

*Pascite boves, pueri!* a dit le doux Virgile, ce qui signifie en bon français : « Bergers, gardez tranquillement vos vaches. » Voilà, en effet, là-bas, dans ce pré un jeune et placide villageois qui s'ébat à l'ombre des saules, pendant que ses génisses blanches et blondes paissent indolentes.

« Vous qui portez la corbeille, approchez-vous des génisses ; allez par exemple vers celle-ci qui, repue, ne semble plus que lécher le gazon. Vous y voilà : fort bien ! A présent regardez aux alentours, par terre... ne voyez-vous rien ?

— Je ne vois que l'herbe qui verdoie, et des pâquerettes, des pissenlits, qui font tache blanche et jaune sur la pelouse verte.

— Non, ce n'est ni de pâquerettes, ni de pissenlits, ni de taches blanches ou jaunes qu'il s'agit. Cherchez encore... Ah! mais, tout à coup, vous faites un pas de côté, au lieu d'aller droit devant vous. Pourquoi donc, je vous prie?

— Dame! c'est que droit devant moi... c'est que la génisse y a probablement passé, elle... Et vous comprenez, une génisse qui a bien, très-bien brouté...

— Eh! justement, mon ami! *Euréka!* j'ai trouvé! s'écriait Archimède, poussez le cri d'Archimède, et ne cherchez plus.

— Quoi! comment! vous voudriez?... ah! c'est une plaisanterie!

— Pas le moins du monde. Vous savez le proverbe : « Pas de sot métier! » Et, d'ailleurs, vous m'avez promis d'être brave. Soyez donc brave, je vous somme de l'être. Voyons, un coup de pelle est bien vite donné, que diable! Crac! et v'lan! dans la corbeille!

— Ma foi! c'est fait!...

— Bravo! reprenons maintenant le chemin de la fabrique. Mais regardez donc, mais écoutez donc cette mijaurée qui passe, et qui se donne des airs de profond dégoût. « Oh! fi les vilains! voyez un peu ce qu'ils portent dans leur panier. » Et elle s'éloigne, tenant sous son nez un fin mouchoir de batiste à vignette, et en relevant, du bout de ses doigts gantés, l'ample jupe d'une robe de mousseline peinte de rose et de chamois.

« Ce que nous portons là, ma belle dame. Eh! mon Dieu! rien autre chose qu'une drogue fort usitée, fort utile, et dans l'*infusion* de laquelle ont dû nécessairement **baigner** à un moment donné le joli mouchoir que vous pressez contre vos narines, et le frais vêtement dans lequel vous vous drapez avec tant de coquette suffisance. Voilà ce que nous portons.» — Et, en effet, Messieurs, notre premier soin en rentrant sera de verser le contenu de la corne dans une chaudière pleine d'eau, que nous chaufferons graduellement, et où nous tiendrons plongée l'étoffe *mordancée*.

« Il se produira alors une combinaison toute particulière, dont la chimie n'a pas peut-être trouvé encore exactement la théorie, mais qui aura pour effet de marier les phosphates que contient la substance en question avec les mordants, lesquels acquerront une action plus vive, plus franche.

« Et voilà comment on apprend à ne rien mépriser dans ce bas monde, car le *bousage* est d'un emploi aujourd'hui général, pour compléter le *mordançage* des fils de nature végétale.

« Nous apporterons ensuite notre étoffe, pour être définitivement teinte, dans une autre chaudière où nous aurons mis de l'eau, et les herbes que nous avons rapportées. Nous chaufferons. Peu à peu le liquide prendra un aspect jaunâtre. Mais ce qui vous expliquera l'utilité, ou plutôt la vertu, le rôle des mordants, c'est qu'aux endroits seulement où auront été déposées les solutions alunées, vous verrez naître et s'accentuer de plus en plus, et en même temps, ici un beau jaune d'or, là une fraîche nuance *olive*, tandis que partout ailleurs le tissu ne prendra rien de la matière colorante tenue en suspension dans le liquide où il baigne. Ce sont ces empreintes indélébiles (ou du moins résistant aux agents de décoloration ordinaires, l'air, le soleil, le savon) qui constituent ce que nous appelons le *grand teint*. Vous voyez que Palissy avait raison, qui imagina la chambrière.

« Notre tissu lavé, séché, nous aurons à y mettre encore du rouge et du violet, formant enluminure. Ces couleurs pourraient être obtenues aussi par l'effet de mordants, à peu près identiques à ceux que nous avons employés, en substituant toutefois à la gaude une autre matière colorante. Mais ces couleurs sont ici en *petit teint*, c'est-à-dire posées sur les fibres sans y adhérer aussi étroitement que les premières, appliquons-les donc telles quelles.

« Le rouge nous sera fourni par l'extrait concentré du bois d'un grand arbre américain, le *fernambouc* ou *brésil*, que j'aviverai par une solution ammoniacale ; le lilas viendra d'un autre bois exotique, le *campêche*. Nouvel emprunt aux contrées lointaines.

« Mais pour donner plus d'éclat, et aussi un surcroît relatif de fixité à ces couleurs, quand elles auront été appliquées, j'enfermerai le tissu dans un coffre où je ferai arriver pendant quelques minutes un jet de vapeur d'eau bouillante. C'est ce que nous appelons *vaporiser*. Je puis vous le dire en passant, toutes les impressions sur soie, qui n'exigent qu'une solidité restreinte (ces étoffes n'étant pas appelées à subir le lavage), sont généralement *fixées* en même temps que rehaussées de ton par cette opération fort simple, comme vous le voyez.

« Voilà notre indienne peinte de cinq couleurs, dont deux relativement fugitives, et obtenues directement, et trois solides, dues à la combinaison des divers mordants avec le principe des bains colorants... Eh bien ! Messieurs, cet échantillon, si infime qu'il soit, résume théoriquement et pratiquement toutes les opérations fondamentales de notre art ; mais, à peu près comme la tigelle du gland qui germe résume le chêne qui doit étendre en tous sens ses rameaux infiniment divisés. Vous avez vu quel nombre, quelle diversité d'agents animés et inertes ont dû concourir à la production de cinq pauvres nuances, qu'en sera-t-il donc quand nous voudrons embrasser toutes les échelles de tons, toutes les combinaisons d'effets et de procédés. Ah! que d'appels jetés en tous lieux! que de chemins parcourus! que de travaux concentrés vers un point! Et sans compter tout ce qu'on trouvera encore, car notre art a d'intrépides chercheurs, qui font chaque jour plus vaste son domaine, et plus étonnantes ses créations.

« *Nec tingendi...* a dit Pline, qui ne fait peut-être que traduire l'opinion d'une certaine classe. Et voyez pourtant combien cette opinion semble contredite par l'antiquité tout entière, qui n'a pas assez d'épithètes admiratives pour la pourpre, la fameuse pourpre, cette teinture extraite goutte à goutte d'un coquillage. Elle la divinise presque, car les prêtres la proclament « agréable aux dieux, » et la réservent pour les pompes du culte. Voyez Plutarque, qui remarque avec admiration qu'Alexandre trouva dans le trésor des rois de Perse une grande quantité de pourpre, dont la beauté n'était pas altérée, bien qu'elle datât d'au moins deux siècles. Ecoutez les poètes chanter les somptueuses, les fastueuses étoffes de Tyr, dont le nom devait servir à former une qualification pour ceux qui les portaient. Plus tard, nous voyons les *Tyrans* — ou, si vous aimez mieux, les gens vêtus de la pourpre de Tyr — s'en attribuer l'usage exclusif. Ils instituent des officiers pour surveiller les ateliers de teinture où elle se prépare, et ils édictent la peine de mort contre les gens qui s'aviseraient de s'en vêtir. Ces rigueurs furent sans doute cause que le procédé s'en perdit; mais les témoignages ne subsistent pas moins du cas universellement fait de cette première merveille de l'art tinctorial. Que ne diraient pas les anciens s'ils revenaient aujourd'hui, car, pauvre figure, j'en suis certain, ferait leur pourpre divine auprès de nos rouges à la cochenille. Le coquillage ne brillerait pas à côté de l'insecte; insecte, dis-je, car la cochenille dont nous tirons la pourpre moderne, n'est autre qu'un insecte qui vit sur le cactus, dans les régions tropicales. C'est par milliards qu'on étouffe dans l'eau chaude ces petits animaux, et qu'on les dessèche ensuite, pour nous les expédier. Nous les broyons, nous les faisons bouillir; et, après avoir ajouté à la décoction une dissolution acide d'étain, nous y plongeons la laine, la soie, qui en sortent éblouissantes.

« Cette simple addition d'une dissolution métallique dans cet extrait fut, le croiriez-vous, un des grands événements de l'histoire, d'ailleurs si intéressante, de notre art. Quand, au xvi⁰ siècle, Gilles Gobelin, s'étant procuré le secret de la nouvelle écarlate, s'établit pour la fabriquer en grand sur la rivière de Bièvre, on le traita d'insensé, on le railla, on le bafoua, on appela sa teinturerie la *Folie-Gobelin;* mais, quand le succès fut venu, quand on vit sortir de ses mains tant de beaux et éclatants tissus, on l'accusa de pacte avec le diable, et bien en prit à l'intelligent industriel de s'être ménagé en haut lieu de vaillants patronages, car il aurait pu payer cher son aventureuse habileté.

« Passons le *kermès*, autre insecte de la même famille que la cochenille, mais habitant nos contrées, et qui n'est plus guère employé. Mais nommons, acclamons la *garance,* que je ne crains pas de qualifier la reine des matières colorantes rouges, car elle donne les nuances à la fois les plus brillantes et les plus solides. On l'emploie comme la gaude, elle produit par la diversité des mordants tous les tons qui vont du pourpre vif au noir intense, en passant par les roses, les bistres, les violets. Chez elle le principe agissant ne réside pas dans le rameau fleuri, mais dans la racine. Les anciens la connaissaient. Pline l'a fait récolter aux pauvres gens, qui, dit-il, en tiraient de gros profits, — ce qui, par parenthèse, aurait dû les empêcher d'être pauvres. — Elle était, voyons-nous, cultivée aussi dans les Gaules, et même du temps des premiers Français, car, au marché que le bon roi Dagobert avait établi à Saint-Denis, des marchands étrangers venaient s'en approvisionner. Peu à peu l'usage s'en perdit dans l'Occident ; les Orientaux la cultivaient et l'employaient à produire ces célèbres rouges d'Andrinople, dont le secret fit si longtemps le désespoir de nos coloristes. Mais voilà qu'un Persan, nommé Althen, persécuté dans son pays, vint se réfugier dans le Comtat Venaissin où il sema des graines de garance rapportées de la Perse. Vers la fin du dernier siècle, Althen mourait à Avignon, pauvre et ignoré; mais la culture de la garance n'en était pas moins intronisée dans le département de Vaucluse qui, à lui seul, aujourd'hui, en récolte pour quelque 15 ou 20 millions par année... — et qui s'est enfin mis en frais d'une statue à la mémoire d'Althen.

« Après la garance, dont le nom français eût été suffisamment répandu par le pantalon de nos guerriers, et qui a donné son nom latin à la famille des *rubiacées*, voici le *carthame*, une espèce de chardon dont la fleur fournit des rose, des ponceau très-frais, très-délicats, mais aussi très-fugaces.

« Voici l'orcanette, une cousine germaine de la bourrache et de l'héliotrope; et l'orseille, produite par des lichens qu'on fait macérer à l'air, sous l'influence d'un alcali : l'une et l'autre donnent sur la soie et la laine les beaux violets, les tendres lilas.

« Dans la gamme jaune, après la gaude, viennent, parmi les substances exotiques, le curcuma, une racine; le fustet, un bois; et, parmi les indigènes, les graines dites d'Avignon, qui ne sont autres que les baies desséchées d'un arbrisseau commun dans la Provence. Enfin, le *safran*, ou crocus, dont le principe colorant réside seulement dans le pistil, ténu comme un fil dressé au milieu de sa fleur. — Combien de fleurs pour un kilo de *safran*?...

« Les Gauloises, vous ai-je dit, se teignaient le visage avec le *vouède* ou *pastel*, petite plante de la famille du colza et des navets. On en récolte les feuilles, on les broie, on les foule, et on laisse fermenter la masse, où bientôt se développe, se forme un agent tinctorial propre à communiquer aux fils et tissus une belle et persistante couleur bleue. Et voyez combien l'art de la teinture, ou ses produits — ce qui revient au même — furent toujours en honneur. Autrefois, je veux dire il y a quelques siècles, la culture du pastel étant fort répandue, particulièrement dans le Languedoc, où on le nommait *cocagne,* c'est de là que nous est venue l'expression de pays de cocagne, pour désigner une contrée où la vie plantureuse, la bonne chère sont permanentes et coutumières, par allusion aux faciles profits que la seule production du pastel y apportait.

« Mais l'*indigo* parut, tiré, par une manipulation à peu près analogue à celle qu'on emploie pour le pastel, des feuilles d'une tribu de grands arbres habitant les régions torrides — l'indigo, qui peut être nommé le roi des colorants bleus, si la garance est la reine des colorants rouges ; un roi même beaucoup plus effectivement populaire, car, pendant que les produits de la garance brillent dans le fracas sanglant des armées, ou s'étalent dans les fastueuses cérémonies, il est principalement consacré lui, à peindre l'humble vêtement du pauvre, du travailleur, les gros draps de montagne, la blouse de l'ouvrier et du paysan, les cotonnades, simple luxe des ménagères, la vareuse du marin. Saluons l'indigo, Messieurs, non pas si vous voulez à cause du titre que je viens de lui donner, mais parce qu'il eut à son apparition les honneurs du mépris et de la persécution des routiniers intéressés. Vous comprenez, il venait lui, indien, détrôner le pastel européen : haro sur le mécréant !... oui, mécréant ; c'est ainsi qu'il fut appelé. On décréta contre lui ; l'emploi en fut interdit en Angleterre, en Allemagne, en France même, sous le grand Colbert qui, cependant, fit publier un traité en quelque sorte officiel de teinture ; il fut défendu de mettre dans les cuves de pastel plus d'une certaine proportion de *cette couleur corrosive, de cet aliment du diable*, comme l'appelaient les ordonnances saxonnes rendues contre lui. Vous savez le proverbe : « Quand on veut tuer son chien... »

« Dans la gamme des noirs... Mais je n'entends pas vous faire l'énumération complète de tous les agents que nous mettons en œuvre, car, après les insectes, après les végétaux, viendraient les minéraux, les sels, les liqueurs acides, alcalines... Et Dieu sait quand j'aurais fini. Je voulais seulement vous amener à entrevoir l'étendue de la sphère où nous nous mouvons, nous, les teinturiers ; vous montrer combien sont multiples nos moyens d'action ; de combien d'efforts, présents et passés, ils sont le résultat. Où irais-je, si j'entrais avec vous dans les détails de tous les genres de teinture ; si je vous signalais seulement les principaux mélanges, les combinaisons d'opérations, les surchar-ges, les réactions, les avivages ; si je remontais à l'ori-gine de toutes les drogues employées, comme je l'ai fait pour quelques-uns ; si je recherchais combien d'exis-tences sont liées à cet immense réseau industriel... et si même je vous exprimais ce que je pressens dans les destinées de notre art ? — car le dernier mot n'est pas dit. Oh non ! bien loin de là !...

« Ah ! je voudrais, je voudrais bien que Pline re-vînt aujourd'hui, et qu'il vît ce que nous faisons, ce que nous pouvons, et je serais curieux de savoir si, sous sa plume, viendrait encore se placer cet imper-tinent *Nec tingendi*, qui... »

La cloche de la fabrique qui sonna en ce moment vint couper la parole à l'enthousiaste panégyriste de la profession que Pline avait paru dédaigner. Mais la citation sur laquelle il avait été interrompu au beau milieu de sa péroraison, et qui formait en quelque sorte le texte épigraphique de son discours, eut de longs échos dans les ateliers, où nous rentrâmes. Si bien que le vieux chimiste, à qui nous devions de connaître le *Nec tingendi* du naturaliste romain, s'en trouva tout naturellement baptisé ; et je puis dire à son honneur — comme aussi je crois à notre justification — que, de même que nous n'avions nullement entendu blesser un vieillard digne de toute notre déférence, de même le père *Tingendi,* de son côté, sut accepter en souriant, peut-être avec quelque intime satisfaction, le sobriquet que nous avions eu l'idée de lui décerner...

. . . . . . . . . . . . . . . . . . . . . . . .

Depuis plusieurs années, j'avais perdu de vue le père *Tingendi*, mais une des paroles de son allocution, prononcées d'ailleurs avec la foi inspirée du précurseur, était restée gravée en moi : « Le dernier mot n'est pas dit. » Et, toutefois, en voyant les merveilles produites par les procédés connus, je me demandais s'il était possible qu'on arrivât à de plus beaux résultats ; et je me demandais aussi après l'énumération, en quelque sorte universelle, que nous avait sommairement faite le vieux chimiste, s'il restait encore quelque agent important, auquel la science industrielle ne se fût pas adressé...

J'étais à Lyon, où, dans un but que je n'ai pas besoin de spécifier, car je me suis engagé à ne pas vous faire ma biographie, je travaillais à posséder la connaissance théorique et pratique des applications de l'électricité dynamique, ou voltaïque. J'avais passé de longues heures sur les traités spéciaux, et je venais d'acheter, pour expérimenter, les principaux appareils destinés à mettre en évidence les divers phénomènes. Eléments, télégraphes, bobines d'induction, moteurs... Et Dieu sait qu'en dépit des notions théoriques acquises, la manipulation de ces instruments tout nouveaux pour moi ne laissait pas que de me trouver fort emprunté. Le marchand qui me les avait procurés, en s'adressant aux constructeurs parisiens, n'était guère à même de me guider, mais il me dit : « Je connais quelqu'un qui se fera un plaisir de vous donner toutes les indications désirables.

— Qui donc?

— M. Verguin, le préparateur de physique et de chimie du Lycée. Un homme qui, sans en avoir l'air, est pourtant fort capable, fort instruit.

— Bon!

— Eh! tenez, reprit mon interlocuteur, avec qui je me trouvais sur le seuil de sa boutique, d'ailleurs voisine de l'institution au personnel de laquelle M. Verguin appartenait, tenez, le voici justement. Là-bas, voyez, ce petit homme maigre, voûté, assez peu coquet de sa personne, comme vous pouvez en juger par ce nœud de cravate qui regarde l'épaule, ce chapeau ébouriffé tombant sur ses yeux, ce pantalon assez inégalement tiré.... »

Je regardai et vis en effet, venant du bout de la rue, le nez dans une brochure, et les coudes donnant dans les passants, un homme d'une quarantaine d'années, qui — en plus jeune, bien entendu — me fit involontairement songer au père Tingendi, de savante et modeste mémoire.

L'homme arriva près de **nous**, qui, instruit de

mon embarras, se mit tout aussitôt à ma dispo**** de la façon la plus largement obligeante. Son bon regard rencontrant le mien, et sa loyale main ayant pressé la mienne, rendez-vous fut pris pour le lendemain. Et le lendemain, bien qu'il eût formulé de lui-même la condition que je ne lui devrais rien pour son concours, j'eus de lui une longue séance où de lucides et minutieuses démonstrations, en levant les difficultés qui m'arrêtaient, purent me faire apprécier le sérieux mérite, la haute valeur scientifique de celui qui m'avait si cordialement accueilli.

Et s'il ne passa pas la moindre pièce de métal de mon escarcelle dans la sienne, au moins entra-t-il dans mon cœur un sentiment de vive gratitude pour la sympathique personnalité qui venait de se révéler à moi ; et dans mon esprit une profonde considération pour l'humble savant, à qui sans doute le seul savoir-faire avait manqué pour s'élever bien au-dessus des maigres fonctions auxquelles il était attaché.

Un peu après, je sus que, lié avec le chef d'une des plus importantes maisons de teinture lyonnaises, pour qui il était, si je puis ainsi dire, comme un aide-pensant au point de vue scientifique de cette industrie, M. Verguin dirigeait surtout ses expériences, ses explorations dans le domaine chimique, vers les perfectionnements des procédés tinctoriaux... Et, derechef, je me pris a retrouver le souvenir du père *Tingendi*.

Puis je quittai Lyon ; et, quelques années passées encore, je fus — comme bien d'autres d'ailleurs — à certain moment, surpris de voir apparaître aux étalages et dans le luxueux appareil des toilettes féminines, toute une variété de nuances, à côté desquelles semblaient s'éteindre, comme ferait une lampe fumeuse dans la zone solaire, tout ce que les bois, les carthames, les kermès, les cochenilles avaient jusque-là fourni de plus éclatant.

La prédiction du père Tingendi m'étant revenue en mémoire, j'allai aux informations. Les premiers à qui je m'adressai — d'anciens camarades d'atelier — me répondirent : « Couleurs au charbon. »

— Au charbon ?

— Oui, autrement dit, rouge d'*aniline*, violet *fuschsine*, nuances *Solférino*... »

Ils n'en savaient dire plus long. Je ne me tins pas pour suffisamment éclairé par ces confuses lumières. Je me rendis en meilleur lieu : et voici ce qui me fut conté :

« Il y a déjà quelques années qu'un chimiste anglais, Perkins, en essayant d'opérer des réactions par l'effet de diverses solutions sur la *benzine* extraite des goudrons de houille, obtint une substance colorante d'un beau violet-bleu, que, par analogie avec l'indigo, dont elle rappelait la teinte, il baptisa assez improprement du nom d'*aniline* (d'*anil*, un des noms indiens de l'indigo). Cette découverte ne fut pas sans avoir quelque retentissement dans le monde industriel; la nouvelle couleur fut employée, mais seulement en concurrence avec telle ou telle autre qu'elle suppléait sans la faire oublier.

« Or, voici que, dernièrement, un Lyonnais, chimiste distingué, mais alors simple employé dans une fabrique de produits tinctoriaux, en faisant, à son touret en son particulier, des essais sur la substance obtenue par Perkins, a trouvé, comme résultat d'une réaction, certain résidu rouge, d'une puissance colorante si grande qu'un seul gramme dissous dans un litre d'eau suffit à imprégner un kilogramme de soie de la plus splendide des teintes : — ces teintes que vous avez pu voir.

— Quelle admirable découverte! m'écriai-je, et quelle fortune pour l'homme qui l'a faite, si toutefois il a su se mettre en mesure d'en garder le profit.

— Oui, mais il paraît qu'il n'a pas su. Le chimiste, je vous l'ai laissé entendre, n'était pas dans une brillante position. Quand il eut effectué sa précieuse trouvaille, il en parla à un de ses amis, riche teinturier, qui aussitôt sut éblouir le pauvre diable à l'aide de quelques mille francs comptants, moyennant lesquels il obtint la cession de l'entière propriété. Aujourd'hui, celui-là a en main une véritable mine d'or, puisqu'il vend jusqu'à mille et douze cents francs le kilogramme, un produit qui ne lui revient peut-être qu'au dixième de ce prix; et il ne peut suffire aux demandes.

— *Sic vos non vobis!* soupirai-je (vous voyez, Madame, que le souvenir du père Tingendi m'obsédait de plus en plus); mais le nom de l'inventeur, le savez-vous?

— C'est Verguin qu'on le nomme.

— Lui! Ah! j'aurais dû le reconnaître à ces signes particuliers qui peignent parfaitement l'homme, dont maintenant plus que jamais j'aime à me dire l'obligé : instinct de pressentir une belle découverte, facultés de l'accomplir, et excès de modestie pour s'en laisser ravir les bénéfices.

— *Sic vos non vobis :* vous venez de le dire. C'est l'histoire éternelle des chercheurs, des trouveurs... »

Ainsi s'acheva l'entretien.

Et maintenant, Madame, je suis persuadé que, lorsque vous porterez les yeux sur ces tissus *solfé-rinos* (on les nomma ainsi, vu la coïncidence de leur apparition avec la grande victoire d'Italie), dont quelques-uns doivent nécessairement faire partie de vos ajustements, je suis persuadé que cette pensée vous attristera, d'un autre Améric se substituant à un autre Colomb, d'un autre Arrkwright frustrant un autre Highs; mais, rassurez-vous ,parez-vous en toute satisfaction de tous les *solférinos* qui vous tenteront, et que vous serez à même d'acquérir, car pour cette fois au moins la tâche de l'historien sincère aura été douce à remplir.

Le narrateur dont je viens de vous rapporter les paroles, ne connaissait, et même incomplétement, que le prologue de l'histoire, voilée déjà d'un crêpe légendaire. Depuis, j'en ai puisé la suite à de bonnes sources.

Si le riche teinturier avait d'abord acheté la cession du procédé à un taux très-bas, c'est qu'il ne croyait peut-être pas lui-même à l'immense succès de la découverte. Mais l'ami du chimiste était un honnête homme. Quand l'exploitation du brevet — d'ailleurs prise au nom de Verguin, ce qui laisse à celui-ci la gloire de son invention — amena chez lui de magnifiques profits, il sut de lui-même — car, je crois que rien ne pouvait l'y contraindre — assurer à Verguin une très-convenable position matérielle.

L'inventeur est mort il y a trois ou quatre années, jeune encore, au sein d'une belle aisance, et non pas obscur, car tous les journaux signalèrent sa fin.

Quoi qu'il en soit, Madame, n'oubliez pas, je vous prie, en contemplant vos *solférinos* — il valent bien qu'on les contemple, car l'éclat d'aucune corolle ne saurait éclipser le leur — n'oubliez pas que ces superbes nuances ont pour générateur le corps le plus sombre, le plus bas caché dans le sein de la terre :

cette houille à qui nous devons déjà lumière et chaleur; et demandez-vous s'il ne faut pas croire possibles
tous les miracles de l'industrie humaine, quand on
voit que, pour les fixer en permanence sur un tissu,
elle va chercher dans le charbon ces feux diaprés que
nous n'avions encore aperçus, mais fugitifs et chan-
geants, que dans le diamant — qui, d'ailleurs, vous
le savez sans doute, est le propre frère du charbon.

# X

## LE TISSAGE

Mon père, qui n'était pas encore mon père, en sortant de l'atelier de Redouté, le célèbre peintre de roses, dont il était l'élève, alla se faire dessinateur dans une indiennerie du centre de la France. Là il épousa la fille d'un autre dessinateur et graveur en indienne ; ce qui revient à ceci, que je naquis doublement prédestiné à suivre la carrière du dessin et de la gravure pour indiennes.

Je marchai donc tranquillement dans cette voie, aussi honorable et aussi lucrative qu'une autre, pendant un certain nombre d'années — et laissez-moi vous avouer que, lorsqu'aujourd'hui je retourne dans la contrée où j'exerçais autrefois ma petite industrie créatrice, ce n'est pas sans éprouver quelque émotion que je revois et reconnais, d'aventure, sur le cou de quelque vieille paysanne, le fichu dont j'imaginai jadis la fantaisiste enjolivure. — Mais un jour, par suite d'événements quelconques, je me trouvai tout à coup transplanté d'un pays plein de fabriques d'étoffes ouvragées par l'impression, dans un pays exclusivement peuplé de fabriques d'étoffes ouvragées par le tissage.

Partout il faut vivre, c'est-à-dire travailler.

Naturellement donc je songeai à devenir, de dessinateur pour l'impression, dessinateur pour le tissage : mutation plus difficultueuse que vous ne sauriez peut-être le supposer. Vous vous dites, bien sûr que dessiner pour ceci ou dessiner pour cela, c'est toujours dessiner.... Mais l'*exécution*, Madame, l'exécution qu'il faut connaître, étudier, considérer, et que vous ne faites pas entrer en ligne de compte; l'exécution, cette grande, cette intraitable dominatrice de toutes les conceptions industrielles!... Je vous demanderai à ce propos si vous croyez que le dessinateur qui trace le projet d'une balustrade destinée à être exécutée en pierre ou en marbre, devra, quelle que soit la subtilité de ciseau de l'ouvrier, se permettre d'y indiquer la même finesse de linéaments, de découpures, que dans un projet de balustrade devant être exécutée en souples lamelles de fer, par un serrurier ornemaniste. Evidemment non.

Si vous saviez combien j'en ai vus, de jeunes artistes — je dis des mieux doués — qui, tout frais émoulus de leurs études purement artistiques, croyaient, à leur arrivée dans la cité industrielle, n'avoir qu'à inventer, crayonner et peindre, pour qu'aussitôt la vogue et la fortune s'attachassent à leurs pas.

Ils allaient montrant, offrant leurs ouvrages aux fabricants. Alors il fallait entendre les fabricants : « Tout cela est assurément fort beau, voilà certes de jolis tableaux. Vous faites preuve d'autant de goût que de verve dans la création, l'*emmanchement* des sujets. Mais vous n'avez point songé que nos métiers, nos planches, nos rouleaux gravés, ne sont pas vos pinceaux. Ainsi, Monsieur, par exemple, qu'est-ce que ce dessin? Combien de nuances : deux, quatre, six, huit, dix. Bon! n'en saviez-vous pas trouver d'autres? Pourquoi vous arrêter en aussi bonne voie? une demi-douzaine de plus ou de moins n'aurait pas rendu votre composition moins *inexécutable*. — Ce qui me plaît d'ailleurs, c'est que vous avez tranquillement fondu, estompé vos couleurs les unes dans les autres. Mais, si nous devions imprimer cela, voudriez-vous me dire ou s'arrêterait le rôle des diverses planches qui porteraient sur l'étoffe les diverses nuances? Si nous devions le tisser, quel *metteur en carte* se chargerait de débrouiller ce chaos?

— Eh bien! Monsieur, laissons ce dessin. Voyez; en voici un autre où je n'ai employé que trois couleurs, et sans les fondre l'une dans l'autre.

— Bien! mais dites-moi comment entendez-vous que soit rendu cet effet? Fond taffetas, broché satin, je suppose; mais ces longues brindilles qui courent d'un bouquet à l'autre, qui les produira ? la trame ou la chaîne ?

—Oh! mon Dieu, Monsieur, peu importe, je crois.

— Ah! peu importe! à vous, c'est possible; mais non pas au fabricant. Si c'est par la trame, par quelque *battant brocheur* : complication dans le montage du métier; si c'est par la chaîne : trop de marchandise perdue au découpage; et mettez-vous bien ce principe dans l'esprit, que le dessinateur de fabrique le plus estimé sera toujours celui qui saura le mieux marier dans un dessin la richesse, la beauté des effets obtenus avec la modicité des frais de main-d'œuvre ou de consommation des matières premières.

— Quoi! Monsieur, même alors qu'il s'agit de riches articles ?

— Oui, Monsieur, même dans ce cas. Au reste, tout est relatif, et, dans la fabrication, il n'y a pas de petites économies.

— Mais pensez-vous sérieusement que l'économie puisse se concilier avec les luxueux effets?

— Moi, Monsieur, je ne pense rien. Mais demandez à mon concurrent, qui demain exécutera le tour de force que je n'aurai pas su faire aujourd'hui. D'ailleurs, j'en reviens à vos brindilles; vous devriez en tous cas donner beaucoup plus de *corps* à ces tiges, qui risqueraient d'être rendues sans grâce, de paraître cassées; un coup de battant plus fort que l'autre détruirait aussitôt l'aspect... Je substituerais, pour ma part, un feuillage allongé, ou quelque chose d'approchant ; mais pour ces traits déliés : impossible, Monsieur, impossible.

— Mais, Monsieur, c'est justement sur la ténuité de ces brindilles, comme vous les appelez, faisant contraste avec ces bouquets pleins, que j'ai basé l'effet de cette composition.

— Inexécutable, Monsieur, inexécutable. Passons à un autre, s'il vous plaît.

— Voici un dessin de fichu.

— Grand teint ou petit teint ?

— Oh ! comme on voudra !

— Eh quoi ! comme on voudra ! la belle réponse. Si c'est grand teint, il y a là maintes couleurs incompatibles. Si c'est petit teint, ah ! que vous avez su mal profiter des ressources qui vous étaient offertes par les opérations, etc., etc... »

Et la conclusion du fabricant était invariablement celle-ci : « Etudiez l'exécution, jeune homme, apprenez *la fabrique*, et revenez nous voir ensuite, car alors seulement nous pourrons utiliser vos brillantes dispositions. »

Et savez-vous ce qui arrivait? Ou le jeune homme, effrayé par tant d'entraves et manquant de ce courage pratique, sans lequel on ne se révèle puissant nulle part, désertait dédaigneusement la partie, en déclarant, avec les plus amères formules de mépris,

que la carrière où il avait pensé à s'engager n'était
rien moins que déplorablement étroite, et abrutis-
sante , et il allait échouer ailleurs sa chétive personnalité ; ou bien l'artiste appartenait à cette classe
d'êtres forts, pour qui les obstacles à vaincre sont
autant d'utiles stimulants. Il acceptait bravement,
héroïquement la lutte. Il allait sans fausse honte se
mettre au plus vite à l'école, lui l'homme d'imagination ardente, chez quelque simple artisan, tout
préoccupé des froides exigences et des précises combinaisons industrielles ; et, sous l'œil de ce guide, il
s'appliquait à explorer, dans ses moindres parties, le
domaine technique dans les voies duquel ses facultés
devaient désormais se mouvoir.

Et, tout en poursuivant cette tâche difficile, délicate, il avait la satisfaction de reconnaître de plus en
plus que là, comme partout du reste, l'étendue du
champ se limite d'elle-même aux patients efforts,
aux persévérantes tentatives, aux laborieuses aspira-
tions de ceux qui le parcourent. Et, à un jour donné,
l'art industriel — cette magnifique manifestation du
génie utile — comptait un habile, un remarquable
représentant de plus ; et alors, ou les rangs se ser-
raient pour recevoir la digne recrue, ou le nouvel
arrivé se plaçait à quelque poste brillant en avant
des lignes.

« En avant des lignes, » dis-je, et vous vous éton-
nez, car cette expression fait naître en vous l'idée

d'une phalange compacte, à l'existence de laquelle vous n'aviez peut-être jamais songé. Et cependant, Madame, c'est par centaines qu'on peut compter ces hommes notables à divers degrés, qui sont pour l'industrie des tissus de toutes sortes ce qu'est l'écrivain dramatique pour les réprésentations théâtrales, ce qu'est l'architecte pour l'érection des édifices.

Vous n'imaginez point les trésors d'imagination chaque jour dépensés sur tous les points du globe, et notamment en France, car il est avéré, même pour nos rivaux les plus immédiats, que dans n'importe quel genre la palme est encore aux dessinateurs français.

Je voudrais, par exemple, qu'il vous fût donné de pouvoir apprécier seulement ce qu'enfante — et dans quelles laborieuses conditions ! — le groupe des dessinateurs lyonnais. « Le dessin industriel semble avoir pris naissance à Lyon, écrivait en 1785, Roland de la Platière, celui qui devait devenir un des personnages importants de la révolution ! Il semble s'y complaire, croître, varier, s'y multiplier, s'embellir comme dans son air natal. Aussi, tombe-t-il languissant, lorsqu'on veut le dépayser, et tout ce que les étrangers peuvent faire de mieux, c'est d'abandonner la création des dessins à l'imagination riche et féconde des Lyonnais et de copier leurs œuvres... » Et cette assertion a en quelque sorte la même valeur aujourd'hui qu'il y a quatre-vingts ans.

Si vous les voyiez à l'œuvre, ces généraux, ces colonels, ces capitaines des cohortes industrielles ; si vous conceviez surtout au travers de quelles difficultés, en résolvant quels problèmes techniques et économiques, ils mènent leurs pacifiques soldats aux plus surprenantes victoires, je suis certain que, sans rien perdre de votre admiration pour les grands maîtres, dont on acclame les créations idéales, vous ne laisseriez pas que d'assigner un rang très-élevé à ces hommes, qui ont pris pour mission de répandre, par toutes les voies d'une féconde industrie, tout ce qui, dans l'art, dont ils sont les fervents apôtres, peut être rendu pratique et usuel.

J'ai pu citer ceux-là les premiers, car leur célébrité collective est universelle, qui a valu, à la vieille cité assise sur les bords du Rhône et de la Saône, le titre incontestable de *Reine des soieries ;* mais ils ne le leur cèdent en rien, ceux à qui sont dues les somptueuses moquettes de Beauvais, d'Aubusson ; mais ils peuveut se dire leurs pairs, ceux par qui Mulhouse a la suprématie dans la production des toiles peintes. Et combien d'autres qui, réunis ou isolés, près ou loin de nous, accomplissent avec la même ardeur, dans leurs sphères plus ou moins étendues, cette même tâche, que je n'hésite pas à qualifier d'éminemment bienfaisante, puisqu'elle a pour but ce bien-être de la vision, ce confort du regard, dont le grand peintre, le grand sculpteur de la nature, semble s'être si magnifiquement préoccupé à notre intention.

Voyez l'ensemble des tissus que le marchand expose en vente, en partant, si vous voulez, du démocratique fichu de Provence, pour arriver au splendide châle de l'Inde ou de Paris (ce dernier est aujourd'hui, comme dessin, bien supérieur), en passant par les mousselines brodées, le damas, le brocard, le linge de table, la dentelle, le foulard, le mouchoir à vignette; et vous verrez combien est multiple, diverse, l'habile et active intervention du dessinateur; et alors sans doute se formulera pour vous, dans toute sa majestueuse importance, la somme d'invention, de goût, d'études, de combinaisons, artistement consacrée à faire simplement que l'uniformité d'aspect soit rompue dans la quantité d'objets offerts à vos fantaisies, ainsi qu'à vos besoins. Et, si naïves ou restreintes qu'elles puissent être, ces manifestations de l'art ne manqueront pas de vous sembler autrement estimables et méritoires qu'une foule de vagues et froides conceptions qui, sous prétexte de traduire des vues élevées et des préceptes sublimes, ne font rien que rendre témoignage du vide d'esprit et du néant des facultés de leurs prétentieux auteurs.

Mais, puisque nous sommes entrés avec les dessinateurs dans la sphère incontestablement artistique du monde industriel, je ne veux pas que nous nous en éloignions sans vous avoir présenté toute une légion, d'ailleurs beaucoup plus nombreuse encore, dans le labeur quotidien de laquelle le métier participe encore de l'art, dont elle est, si je puis m'exprimer ainsi, l'interprète manuel.

Quel que soit le mode de fabrication qu'il a en vue, le dessinateur s'est ordinairement borné à figurer, à peindre sur une feuille de papier ou de carton le modèle de l'étoffe dont il a imaginé la disposition, en tenant compte avant tout des procédés à l'aide desquels les effets doivent être produits.

S'il s'agit d'un dessin à reproduire par le tissage, vient le *metteur en carte*, qui prend, en même temps que la feuille peinte, une autre feuille, sur laquelle a été préalablement tracé un quadrille uniforme, représentant l'ensemble des fils qui doivent être employés à la fabrication du nouveau tissu. Et sur la feuille quadrillée, le pinceau du *metteur en carte* reproduit le dessin, en procédant carreau par carreau, c'est-à-dire en indiquant fil à fil le travail que le métier du tisseur doit opérer.

Les modèles qu'on vous vend pour certaines broderies sur canevas, vous donnent une idée assez exacte de ces *patrons*, mais dans des proportions singulièrement réduites, car, dans ces modèles, les points de l'aiguille sont figurés de grandeur naturelle, tandis que sur les cartes de fabrique, la représentation d'un fil de soie, par exemple, occupant un millimètre environ, il s'ensuit que le patron quadrillé d'une étoffe de deux mille fils dans sa largeur ne mesure pas moins de deux mètres, et que la *carte* d'un châle de moyenne grandeur couvrirait sans peine le parquet d'une vaste salle. Et tout cela, je vous le répète, tracé, peint millimètre par millimètre, souvent même en se livrant à un perpétuel dénombrement des *points*.

Que si vous me demandez dans quel but cette mise en carte, dont la confection doit être, vous le comprenez, d'une si absorbante et si fastidieuse longueur, je vous prierai d'attendre à tantôt : mais vous n'en aurez pas moins constaté que déjà, de ce côté, l'initiative du dessinateur appelle de nombreux auxiliaires.

Quand il s'agit d'un dessin à reproduire par l'impression, c'est le plus ordinairement au *metteur sur bois* qu'il est remis. — Je dis le plus ordinairement, et non toujours, car, pour les indiennes, les perses, certains foulards, c'est en taille-douce, au burin, à l'eau-forte, au poinçon, sur des cylindres ou des planches de cuivre, que le dessin doit être exécuté, et alors des graveurs spéciaux, véritables artistes en leur genre, sont chargés d'interpréter la donnée du dessinateur ; et je puis vous affirmer que le travail de ceux-là réclame encore la plus délicate, comme la plus persévérante application.

Le metteur sur bois — ainsi nommé parce qu'il a

pour mission d'indiquer, sur des blocs de poirier, quelquefois de buis, les contours des reliefs que le graveur doit produire — le metteur sur bois prend d'abord un calque exact, précis, du modèle, et d'après ce calque, il combine, raccorde les différentes planches qui, apportant chacune une teinte sur l'étoffe, y empreindront l'ensemble du dessin. Donc, autant de teintes et autant de planches, qui, toutes, et sans que les points de repère en soient sensibles, doivent venir en quelque sorte à l'appel de la première, qui est la véritable cheville ouvrière de tout le système.

Le compas et l'équerre sont les guides constants du metteur sur bois, mais encore doit-il, tout en ne s'écartant jamais de la précision mathématique, faire presque constamment preuve d'une habileté de main à la fois soumise et intelligente, pour ramener à l'indispensable correction, mais sans en atténuer le caractère, les lignes que l'artiste inventeur aura indiquées avec un peu trop d'indépendance.

Ai-je besoin de m'arrêter à vous dire quelle est la fonction des graveurs ? Je ne le pense pas. Mais peut-être qu'en les regardant travailler, et en voyant que, quant aux formes qu'ils dégagent en relief, rien n'est laissé à leur création, mais qu'au contraire ils sont tenus de s'astreindre servilement aux traits marqués sur la planche, vous serez tentée de leur dénier le titre d'artistes, pour leur attribuer celui d'ingénieux,

de subtils découpeurs de bois... Eh bien ! croyez-
moi, Madame, ne vous y hasardez point. Ce serait
vouloir vous aliéner dangereusement une corporation aussi notable par le nombre que par les services
qu'elle rend, et au sein de laquelle, je vous en pré-
viens, il n'est pas rare de rencontrer plus d'un
mordant esprit, plus d'une vive intelligence, — ce
qui est d'ailleurs le cas de la plupart des professions
où le travail s'effectue en commun, sans que le bruit
ou l'application domine, ou empêche la causerie.

Que votre blessante appréciation dût vous attirer
séance tenante quelque fâcheuse épigramme, non
sans doute : on se pique là de tact et de savoir-vivre ;
mais tout au moins verriez-vous se lever le Nestor
de l'atelier... je me trompe : du *cabinet,* car telle est
la dénomination généralement employée, qui a bien,
comme vous voyez, son petit cachet d'importance
— pour ne pas dire de suffisance ; — et le Nestor du
cabinet, se faisant gravement l'écho d'une tradition
dont, par parenthèse, j'ai vainement cherché à découvrir l'origine :

« Pardon, Madame, vous dirait-il, peu s'en fallut
cependant autrefois que la gentilhommerie s'acquît
par le seul exercice de cette profession, où vous ne
voulez voir que des aptitudes manuelles. L'ordonnance souveraine, royale, allait être rendue, qui eût
conféré, aux gentilshommes graveurs aussi bien
qu'aux gentilshommes verriers, le droit de prendre

épée et blason, quand malheureusement les derniers
commissaires chargés d'éclairer ou plutôt d'affirmer
la question, découvrirent cela.... »      •

Ici, l'orateur, d'un air quelque peu navré, vous dé-
signera dans un coin de l'atelier, et plongeant à
demi dans son auge bourbeuse, la meule sur laquelle,
à chaque instant, quelque membre de l'active réunion s'en va refaire le tranchant d'une *pointe*, d'une
*gouge* ou d'un *ciseau*. Puis il ajoutera : « Oui, Madame, la vue de ce très-utile, mais très-vulgaire
instrument, fit craindre que les graveurs, devenus
gentilshommes, ne fussent souvent surpris dans
l'exercice des fonctions par trop roturières du ré-
mouleur. Et l'ordonnance ne fut pas rendue.

« Mais, si l'on renonça à donner aux graveurs l'é-
clatant témoignage de considération qu'ils semblaient
mériter, ce ne fut point sans avoir cherché à tourner
l'inconvénient, car, avant de conclure définitivement
à l'impossibilité d'anoblissement, on leur proposa
de passer outre s'il s'engageaient à faire exécuter
par des servants cet aiguisage, ce rémoulage, qu'ils
avaient alors pratiqué eux-mêmes. Mais, convaincus
qu'à être préparés par des mains à qui l'usage n'en
serait pas familier, leur outillage perdrait les excel-
lentes conditions dans lesquelles il importe qu'il
soit pour la perfection de leurs travaux, les graveurs
déclinèrent bravement toute prétention à l'honneur
qu'on voulait leur faire, montrant ainsi qu'ils sa-

vaient préférer aux satisfactions d'une stérile vanité, la solide et effective gloire de leur utile profession. »

C'est en ces termes, Madame, que s'exprimerait le vénérable de l'assemblée, pour peu que, dans l'atelier où vous seriez entrée, le souvenir de cet épisode, en quelque sorte légendaire, trouvât autant de crédit que là où j'ai passé plusieurs de mes jeunes années.

Vous avez sans aucun doute entendu faire grand bruit de la fière réplique attribuée à Ricci, le digne successeur d'Ignace, fondateur de la compagnie de Jésus.

« *Sint ut sunt, aut non sunt*, qu'ils soient comme ils sont, ou qu'ils ne soient pas, » répondit ce général de l'ordre, quand de menaçantes voix le sollicitaient d'introduire des réformes dans les statuts.

Je vous laisse le soin de décider si — du moins en tant que mobile d'une énergique résolution — le *sint ut sunt* de l'humble corporation industrielle le cède de beaucoup à celui de la célèbre association religieuse.

On estime qu'en moyenne un dessinateur peut occuper, pour la traduction pratique de ses compositions, une dizaine de metteurs en carte, ou autant de metteurs sur bois, et c'est à peu près dans la même proportion décimale que s'établit le rapport du nombre des metteurs sur bois au nombre des graveurs. Si donc je vous ai affirmé, avec raison,

que les dessinateurs constituaient à eux seuls un
état-major aussi considérable que brillant, figurez-
vous la magnifique armée qu'on formerait en réunissant les groupes divers de leurs intelligents et
inséparables satellites.

Et, comme vous pourriez regretter de voir les ca-
dres de cette méritante armée se recruter exclusivement dans la classe masculine, je dois vous faire
remarquer que quelques sujets féminins viennent
s'y adjoindre.

Vous avez pu voir souvent, sur les mousselines
imprimées, par exemple, certain sablés ou pointillés,
tantôt uniformes, tantôt gradués. Ces effets sont obtenus par autant de petites pointes de laiton, que
plantent une à une dans les planches gravées, des
femmes qui — vu le terme de *picots* employé pour
désigner ces pointes — prennent la qualification de
picoteuses. Ce travail, sans offrir de grandes difficultés, exige cependant une application et une précision
de main et de coup d'œil qui ne se rencontrent pas
chez toutes les ouvrières. J'ai vu d'habiles picoteuses placer jusqu'à trois mille pointes dans une journée; mais j'ai vu des planches, parfois même destinées à des ouvrages très-ordinaires, recevoir jusqu'à cinquante mille picots...

Mais je vous disais qu'à certaine époque, d'impé-
rieuses circonstances m'avaient poussé à sortir de la
voie jusqu'alors suivie, pour m'engager dans une

nouvelle qui, bien que voisine de la première, n'é-
tait cependant praticable que dans des conditions
essentiellement différentes.

Averti par l'expérience acquise ailleurs, je ne m'ex-
posai pas à ce qu'on me renvoyât étudier l'exécution.
J'y allai de moi-même. Le hasard m'avait donné
pour voisin un vieux metteur en carte, qui passait
généralement pour un homme fort entendu dans les
questions industrielles, mais qui avait en même
temps la réputation d'être aussi brusque qu'origi-
nal, en sorte que les novices, à qui l'idée était venue
de le prendre pour guide, n'avaient pas tardé à être
rebutés par la seule singularité de son procédé d'en-
seignement.

A tout risque cependant, me voilà frappant à la
porte de mon voisin.

« Toc, toc !

— Entrez. »

J'entre, et me trouve en présence du bizarre personnage, penché sur un large pupitre, où était étalée
une de ces grandes feuilles de papier quadrillé dont
nous parlions tout à l'heure.

« Que demandez-vous ? » me dit-il, après m'avoir
à peine accordé un oblique coup d'œil, et sans imposer la moindre halte au pinceau chargé de vermil-
lon que sa main faisait courir de carreau en carreau.

Me voilà exposant ma requête... Il ne me laisse

pas achever : « Bon ! je vois ce que c'est, vous avez besoin d'apprendre la fabrique ; vous avez entendu dire que j'en avais quelques notions ; et vous venez me prier de vous enseigner ce que je sais.

— Juste ! » fis-je alors, en affectant un ton résolu qui ne parut pas déplaire à mon interlocuteur, car il m'honora d'un regard direct et d'un léger repos de son pinceau.

Puis, quand il m'eut un instant considéré : « Vous êtes jeune, reprit-il, vous devez avoir une volonté ferme, et aussi de bonnes jambes.

— De bonnes?... répétais-je, croyant avoir mal compris.

— Jambes, » affirma le bourru.

Cette fois j'avais fort bien entendu. C'était incontestablement de l'organe de la locomotion qu'il s'agissait, à propos d'une étude qui me semblait devoir exiger au contraire les plus sédentaires dispositions.

« Volonté de fer et jarret d'acier, » répliquai-je toutefois.

Aussitôt je vis le metteur en carte se dessaisir de son pinceau, pour ouvrir à côté de lui un tiroir plein de bribes d'étoffes de toutes les natures et de toutes les couleurs, parmi lesquelles il choisit deux chiffons grossiers qu'il me présenta. « Voilà, me dit-il, un morceau de toile d'emballage et un morceau de serge commune ; prenez-les, emportez-les chez vous ; armez-vous, s'il en est besoin, d'un canif pour les déchiqueter, d'une loupe pour en **mieux** examiner les détails ; et, quand vous croirez pouvoir formuler la raison de la différence qui existe entre ces deux étoffes, revenez. »

Et, après m'avoir, sans plus de façon, indiqué d'un geste la porte que j'avais laissée entr'ouverte, il se remit tranquillement au pointillage de son papier.

Ce fut ma première leçon, qui ne me sembla pas notablement contredire l'opinion qu'on m'avait donnée du professeur auquel j'avais cru devoir m'adresser.

Quoi qu'il en fût cependant, je ne laissai pas que de me mettre à disséquer sérieusement, attentivement les deux loques. Puis je retournai chez mon voisin.

Dès qu'il m'aperçut : « Eh bien ! Qu'avez-vous vu ?

— J'ai vu dans l'un des morceaux d'étoffe l'entrelacement des fils se produire selon un ordre unique et constant, c'est-à-dire le fil longitudinal passant sous le fil transversal après avoir passé dessous, et ainsi de suite, dans tous les sens.

— C'est le morceau de toile d'emballage ou type de toutes les étoffes dites *unies*. Mais dans le second ?

— Dans le second j'ai vu l'ordre d'entrelacement du premier modifié en cela, qu'au lieu de se chevaucher un par un, les fils, dans un sens, se chevauchent deux par deux.

— C'est le morceau de serge ou type de toutes les

étoffes dites croisées ou *façonnées*. Mais qu'avez-vous remarqué quant à l'aspect des deux tissus?

— J'ai remarqué que, dans le premier, le **grain** du tissu offrait l'aspect d'un damier à cases régulières, symétriques dans toutes les directions; tandis que l'aspect du second rappelait celui d'un carrelage obtenu avec des briques ayant une longueur double de leur largeur, et posée l'une dans un sens, l'autre dans l'autre.

— Eh bien! fit avec une sorte de simple solennité le professeur, qui déjà me semblait avoir beaucoup perdu de sa brusquerie, rappelez-vous que vous venez de remonter par vous-même aux deux combinaisons fondamentales, sur lesquelles repose la confection de tous les tissus. — J'entends de ceux dont les fils s'entre-croisent toujours à angles droits, et non, par exemple, des dentelles et des tricots, obtenus les unes par des torsions, les autres par des suites de *mailles*. Encore une fois, retenez-le bien : faire que les fils s'entrelacent un à un, ou faire que cet ordre primitif soit interverti sur toute l'étendue, ou sur quelques points seulement de l'étoffe ; toute la fabrication est là; mais, si simple qu'à l'énoncé vous puisse paraître ce problème, il n'a pas moins, depuis que le monde est monde, mis bien des cerveaux à la torture, et... »

Il s'interrompit. Puis, sans motiver cette interruption : « A trois petites lieues d'ici, reprit-il, est un village que vous connaissez peut-être et qu'en tous cas, il ne vous sera pas difficile de trouver (il nomma le village). Rendez-vous-y. Demandez la maison de Pierre Lauret, le tisserand, tout le monde saura vous l'indiquer. Saluez Pierre Lauret de ma part, et dites-lui que je le prie de vous laisser le voir travailler. Regardez bien, tâchez de comprendre. Et vous viendrez ensuite me raconter votre voyage. »

Je me rendis chez Pierre Lauret; et, quand je reparus chez mon maître :

« Eh bien! avez-vous trouvé l'habitation et l'habitant.

— Oui, j'ai trouvé, dans une salle basse, assez obscure, fort mal aérée, et partant singulièrement humide, un homme dont le teint blême et l'aspect languissant m'ont été de reste expliqués par un séjour prolongé dans un tel lieu.

— Avez-vous fait cette remarque devant lui ?

— Oui. Il m'a reparti tranquillement : « C'est le travail qui le veut. »

— Il vous a dit vrai. Le travail le veut en effet ainsi. Et il y a, depuis qu'on fait de la toile, des milliers d'hommes qui passent leur vie dans des espèces de caves, pour que les fils tendus sur leurs métiers conservent la moiteur qui les rend à la fois plus souples, plus résistants, et les empêche de se rompre. Dans nos pays, on ne trouve guère qu'un ou deux tisserands par ci, par là, convertissant en toile le chanvre que les bonnes femmes ont filé à la veillée, ou les bergères au pâturage. Mais dans les pays où l'industrie toilière est en quelque sorte nationale, dans la Flandre, la Bretagne, la Saxe, par exemple, ce sont des populations tout entières qui s'étiolent dans ces réduits malsains.. Mais laissons cette question. Pierre Lauret vous a, sans aucun doute, fort bien reçu, et, quand vous lui avez dit que vous veniez le voir travailler....

— Il m'a prié d'attendre quelques instants. Et, comme il paraissait en ce moment fort occupé à surveiller une grande marmite pleine de *panade*, qui bouillait sur son feu de braise, j'ai cru devoir l'assurer que, quelle que fût mon impatience de le voir à l'œuvre, je saurais tout naturellement différer jusqu'à ce qu'il eût achevé de préparer et de prendre son repas. Il m'a fait alors observer en riant que je me méprenais sans doute sur la nature et l'emploi du brouet dont il surveillait la cuisson.

« Quoi ! n'est-ce pas du pain que vous faites bouillir ?

— Oui, sans doute, mais du pain de *pauvre*.

— Comment, du pain de pauvre ?

— Vous savez certainement que, dans les campagnes, où l'argent est beaucoup plus rare qu'à la ville, l'aumône faite aux mendiants consiste le plus souvent en un morceau de pain. Certains besaciers en amassent de véritables charges qui suffiraient dix fois à leur nourriture. Ils en revendent d'ici, de là, aux gens qui ont des chiens ; nous autres tisserands, nous en achetons aussi, pour préparer une colle qui nous sert à enduire nos fils de chaîne, afin qu'ils glissent mieux dans les *lisses.* »

Comme je répétais ce dernier mot, tout nouveau pour moi, le tisserand, qui venait d'enlever la marmite du feu, m'emmena près de son métier. Ce métier est tout bonnement composé d'un grand bâtis de bois carré long. A chaque bout est un rouleau horizontalement attaché aux montants du métier. Les fils qui doivent composer la chaîne de l'étoffe vont de l'un à l'autre de ces deux rouleaux (1). A peu près au milieu de leurs parcours, ils rencontrent, suspendus, deux espèces de râteliers ou peignes à deux dos, dont les dents sont aussi rapprochées que les fils le sont eux-mêmes. Ce sont ces râteliers, ces peignes, que le tisserand appelles *lisses*, et entre les dents desquels les fils s'engagent alternativement, moitié dans les dents de l'un des râteliers, et moitié dans les dents de l'autre. Une pédale commande, par une corde, chaque râtelier. — Le tisserand posa le pied sur l'une de ces pédales ; alors je vis l'une des deux lisses s'élever, et avec elle tous les fils qui étaient

(1) L'un de ces rouleaux porte le nom technique d'*ensuble* ou *ensuple*. Nous voyons dans la Bible que « le bois de la lance du géant Goliath était gros comme l'ensuble d'un tisserand. »

passés dans ses dents. Alors, l'ensemble des fils se
trouva divisé en deux nappes formant l'une avec
l'autre un angle aigu. Le tisserand prit à la main sa
*navette* — petit instrument de buis fait comme un
batelet pointu des deux bouts (1) portant, dans un
espace ménagé au centre, une petite bobine chargée
de fil — et il la lança vivement dans l'angle ouvert
par les deux nappes de fils.

La navette en courant d'un bord à l'autre déroula
le fil de sa bobine. Puis, en appuyant sur l'autre pédale, le tisserand fit s'élever le second râtelier, pendant que le premier s'abaissait, ce qui produisit un
entre-croisement des fils, entre-croisement dans lequel
le fil laissé par la navette se trouva emprisonné ; puis
le tisserand renvoya la navette par où elle était
venue ; puis le premier râtelier remonta pendant que
le second descendait et un nouvel entre-croisement de
la *chaîne* emprisonna le nouveau fil de *trame*. Et
ainsi de suite... J'ai remarqué encore, qu'après chaque coup de navette, le tisserand ramenait contre lui,
c'est-à-dire contre l'endroit où les fils s'entre-croi-
saient, un autre râtelier très-massif, très-lourd, dont
la manœuvre avait pour effet de serrer le tissu.

— C'est le battant. Vous avez sans doute aussi
remarqué que, de la combinaison du triple mouve-

(1) *Navette,* qui vient du latin *navis,* comme navire signifie
en effet *petit bateau.*

ment des lisses, de la navette et du battant, résultait une toile ordinaire, c'est-à-dire une étoffe ou l'entrelacement des fils était parfaitement régulier. Mais l'idée ne vous est-elle pas venue de demander à Pierre Lauret ce qui arriverait si, au lieu de ne mettre au métier que deux lisses, s'élevant et s'abaissant immédiatement l'une après l'autre, on en mettait trois, quatre, six, dix, qui se partageraient le commandement des fils par tiers, quart, sixième ou dixième, et que l'on manœuvrerait en observant un ordre régulier?

— Non, mais je crois comprendre qu'il se produirait alors de ces entrelacements irréguliers, dont votre morceau de serge m'a donné un des exemples les plus simples, c'est-à-dire des étoffes qui, par l'aspect et la contexture, différeraient essentiellement de la toile ordinaire.

— Vous avez raison; et, ne vous semble-t-il pas que, par conséquent, en multipliant à l'infini le nombre des lisses et en combinant le mouvement des pédales, il doit être possible d'obtenir des étoffes de tous les aspects et de toutes les contextures?

— Certainement.

— Alors, tout doux, mon bel ami, vous n'y êtes plus. Jusqu'à dix, douze, quinze, ou vingt lisses même, la chose est faisable avec un surcroît d'attention de l'ouvrier. C'est ainsi, par exemple, que sont fabriqués les coutils, les mérinos, diverses draperies, les linges de table damassés à courts dessins, et quelques autres articles de la même famille; mais, songez, je vous prie, que chaque coup de lisse et de navette n'avance le travail que de l'épaisseur d'un fil; songez, en outre, qu'il y a des tissus où le dessin ne se répète qu'à une distance de vingt, trente, quarante, soixante centimètres et plus, distance qui peut représenter l'épaisseur de cent, mille, deux mille fils. Il faudrait donc adapter au métier cent, mille, deux mille lisses et autant de pédales. Mais, outre que ce serait là une première impossibilité matérielle, dites-moi si vous croyez que le pied, ou même l'œil de l'ouvrier pourrait se reconnaître dans cette forêt de leviers?

— Je crois, repartis-je en souriant, qu'il se produirait une certaine confusion... Mais alors?...

—Alors, retournez en promenade. Allez-vous-en au n° 10 de la rue Saint-Claude, — ce n'est qu'à l'extrémité de la ville. Vous demanderez là Jean Malison, tisseur en façonnés, et, toujours venant de ma part, vous ferez avec lui comme vous avez fait avec Pierre Lauret. Allez. »

J'allai donc chez Jean Malison.

Quand je fus de retour : « J'ai vu là, dis-je à mon vieux voisin, tout ce que j'avais vu chez Pierre Lauret, excepté les lisses.

— En ce cas, comment les fils de la chaîne sont-ils

manœuvrés, pour que le fil déroulé par la navette les couvre ou en soit recouvert.

— Au-dessus du métier, une boîte est installée, dans laquelle sont rangées, comme des fusées dans une caisse d'artifice, autant de crochets de métal qu'il y a de fils à la chaîne de l'étoffe. Une ficelle qui descend de chacun de ces crochets les rattache à l'un des fils. Au-dessous de chaque rang de crochets est une lame qui, à chaque coup de navette, se soulève, et soulèverait avec elle tous les crochets, si certains de ceux-ci n'avaient pas été préalablement repoussés de côté. Mais tous les crochets sont susceptibles d'être dérangés, et voici comment. A chacun est adaptée une tige de fer qui va sortir sur le côté de la boîte. Or, sur l'endroit où les bouts de ces tiges se présentent en bataillon serré, vient à chaque *pulsation* du métier battre un bloc de bois percé d'autant de trous correspondant aux tiges qui peuvent y pénétrer. Mais à chaque mouvement une feuille de carton vient s'interposer, dans laquelle des trous ont été aussi pratiqués d'ici et de là, dans un ordre combiné. Si un trou se rencontre en face de la tige, la tige pénètre, et le crochet auquel elle aboutit n'étant pas dérangé, est enlevé par la lame, et le fil de chaîne correspondant est soulevé. Tandis que si, au contraire, le carton est plein, la tige est repoussée, qui dérange le crochet et fait que la lame l'échappe ; et le fil de chaîne correspondant reste en repos.

Tout se réduit donc par ce système à percer les
feuilles de carton en conséquence du nombre dés
fils qui doivent être soulevés, pour produire l'entrelacement voulu, et à avoir autant de feuilles de carton différentes que le dessin comporte de différents
entrelacements des fils de chaîne et des fils de trame.
C'est aussi merveilleusement simple que merveilleusement ingénieux.

— Aussi, me répliqua le metteur en carte avec
une très-sensible animation, aussi n'est-ce rien
moins que la merveilleuse découverte de Jacquart,
qui fut, à proprement parler, pour le tissage des
étoffes, ce que l'invention de l'imprimerie fut pour
la fabrication des livres; car, tout ce qu'on avait
imaginé de mieux jusqu'alors se bornait à la complication du nombre des lisses, qui, vous le comprenez, ne pouvait pas être poussée très-loin, ou bien
à l'invention des métiers dits *à la tire*, où le tisserand
avait pour servants des enfants, des femmes, des
vieillards qui, les yeux fixés sur un indicateur, étaient
chargés de tirer des *lacs* ou cordes, disposées de façon
à commander tels ou tels des fils de la chaîne. On
obtenait ainsi d'assez beaux résultats, mais Dieu
sait avec quelle lenteur, moyennant quel nombreux
personnel, et au prix de quelles souffrances endu-
rées par les pauvres tireurs de lacs qui, obligés d'a-
voir l'attention portée à la fois et sur l'indicateur et
sur l'ouvrier, et placés, par une étrange disposition

appareils, dans la plus fatigante posture, devaient encore opérer de grands efforts pour le tirage des cordes. Aussi, dans les centres où le métier à la tire était employé, pouvait-on voir des multitudes de gens que cette cruelle manœuvre rendait étiques et contrefaits.

Quand, à Lyon, le métier Jacquart parut, qui supprimait tout ce gênant et martyrisant attirail, peu s'en fallut cependant que l'inventeur ne fût bel et bien jeté, pieds et poings liés, dans le Rhône, par les tireurs de lacs, qui l'accusaient, sincèrement sans aucun doute, de causer la ruine de l'industrie. Mais on parvint à l'arracher de leurs mains et à le garantir de leur fureur. Et, quelques années plus tard, la fabrication étant devenue, grâce à lui, aussi facile, aussi rapide et aussi relativement économique qu'elle était auparavant lente, pénible et dispendieuse, il arriva que les débouchés s'ouvrirent nombreux, et que là où il y avait un seul métier à la tire, occupant trois ou quatre personnes, on en comptait au moins vingt à la Jacquart, qui nécessitaient un concours de bras proportionnel. »

Le professeur fit une pause, pendant laquelle je ne manquai pas de me disposer déjà à partir pour quelque nouvelle pérégrination ; mais j'en fus, momentanément du moins, pour mes préparatifs, car, du moment où il m'avait fait prendre une idée sommaire des procédés de tissage, il crut devoir attirer

mon attention sur la carte à laquelle il travaill.
Il me fit voir avec quelle minutie il y marquait le
rôle que chaque fil aurait à jouer pour traduire le
dessin. Mais, quand je lui demandai la raison d'être
de cette traduction, il m'envoya chez le *liseur,* ou
artisan chargé de percer les *cartons*, d'après les indications de la mise en carte.

Après le liseur, je visitai les *dévideuses*, qui mettent en bobines les fils arrivés en *flottes* du moulinage ou de la filature ; puis les *ourdisseuses*, dont les
fonctions, d'ailleurs délicates, consistent à disposer
sur un rouleau s'adaptant au métier, sur l'*ensuble*,
l'ensemble des fils dont la chaîne sera composée.

Il fallut donner un regard à la *faiseuse de canettes,*
qui garnit de trame la petite bobine que porte la navette. La *remetteuse* ne fut pas oubliée, qui fait sa
spécialité de disposer sur le métier à tisser la chaîne
venant de chez l'ourdisseuse...

Puis, quand il m'eut laissé entendre qu'en de certains cas il arrivait qu'on multipliât les *chaînes* d'une
étoffe, mon professeur m'envoya visiter un *veloutier,*
qui me montra en effet que, pendant qu'une des deux
chaînes sert au tissage proprement dit, l'autre se re-
plie en boucles, qu'on laisse formées si l'on veut obtenir de l'*épinglé*, ou que l'on fend pour produire
le *poil* du velours ordinaire, poil qui se trouve ainsi
résulter d'une multitude de petits pinceaux rappro-
chés, de même longueur.

Puis... Mais que sais-je enfin? la liste de mes courses serait longue. Toujours est-il que, soit excellence de la méthode, ou peut-être seulement excellence de mes jambes, deux mois ne s'étaient pas écoulés, que je pouvais déjà me croire assez familier avec les diverses opérations pratiques de la fabrication, pour espérer qu'en m'aidant des lois théoriques dont je comptais poursuivre sérieusement l'étude, je ne tarderais pas à être en état de faire quelques pas sans trébucher dans ma nouvelle carrière. J'avais même montré des essais de compositions à mon maître, qui ne les avait pas jugées trop inexécutables, quand un beau jour, savez-vous ce qu'il advint? Eh! mon Dieu, il advint qu'un de ces bizarres coups de vent, comme il en souffle sur toutes les destinées, me repoussa, de la région où l'on ne s'occupait que de tissage des étoffes, dans celle où l'industrie consistait exclusivement à les imprimer. De sorte qu'allant faire mes adieux au brave homme, dont j'avais appris à estimer le prétendu caractère fantasque, il m'arriva d'exprimer devant lui le regret d'avoir consacré en pure perte autant de temps à l'acquisition de connaissances, que, sans doute, je ne trouverais jamais l'occasion de mettre à profit.

« En pure perte, répéta-t-il, non, mon ami; ne dites pas cela; car, outré que vous ignorez si l'occasion ne se présentera pas pour vous de tirer parti de cette étude, je ne saurais admettre qu'un homme intelligent pût considérer comme perdues les heures employées à se former une idée juste de l'utile et laborieuse tâche remplie ici-bas par tels ou tels de ses semblables. Je trouve, au contraire, qu'il y a dans le monde trop de gens qui restent complétement indifférents à un ensemble d'efforts, dont ils ont le bénéfice plus ou moins immédiat. Je crois qu'on se récrierait moins souvent sur le prix matériel des choses, si l'on en connaissait la valeur morale; mais généralement on se préoccupe fort peu de la connaître, et l'on a tort, grand tort; car il résulterait inévitablement de cette recherche un mutuel surcroît d'estime de l'homme pour l'homme; et qui sait si la paix intérieure des nations, et même la concorde universelle ne tiennent pas à cet oubli insignifiant en apparence? Qui sait si là encore une petite cause ne produirait pas de grands effets?... »

Ainsi me parla le vieil artisan. Depuis, j'ai souvent médité ses paroles, et... je vous les donne à méditer à votre tour.

# X

## LES APPRÊTS. — L'IMPRESSION

Si vous voulez bien le permettre, et encore que cette station — surtout au point de vue de l'importance de production — dût être une des plus notables de notre voyage, je me dispenserai de vous faire visiter les ateliers de tissage mécanique; d'abord parce que là, à part l'habile substitution du moteur sans âme au moteur humain, vous ne verriez mis en œuvre aucun principe industriel que ne vous eût déjà fait connaître le tissage à la main. Ce sont toujours des *lisses* qui se lèvent, ou des crochets qui dansent dans la boîte, contre laquelle viennent s'appliquer les cartons troués; toujours des navettes qui passent et repassent, toujours des *battants* qui frappent pour serrer la croisure des fils : seulement, au lieu que l'ouvrier conduise, dirige tout cela, il n'est à proprement parler que le servant, que l'esclave de la machine qui marche d'un train... de machine. Sa mission se réduit à remplacer dans la navette les *canettes* vides, et à rattacher les fils qui se rompent. Aussi, le plus souvent, confie-t-on à une seule personne, quelquefois même à un enfant, le service de deux métiers. Or, comme un métier automatique fait, terme moyen, quatre ou cinq fois plus de besogne que n'en ferait un ouvrier sur le métier à bras, il s'ensuit que les antagonistes des machines ne manquent point de se lamenter sur l'inévitable mise au repos des bras. Mais il y a par exemple, ce singulier argument à leur opposer, qu'en Angleterre, où on ne compte au total que quatorze millions d'ouvriers de toutes les industries, les seules fabriques de coton produisent, grâce aux machines, auxquelles il faut de nombreux servants, un travail équivalent à celui de quatre-vingts millions d'individus qui agiraient par les anciennes méthodes.

Un second motif qui peut-être aussi me fait renoncer à vous conduire dans ces ateliers — et qui a bien sa valeur, du moment où vous m'avez accepté sans méfiance pour cicerone — c'est que je ne sais pas jusqu'à quel point vous vous trouveriez satisfaite du concert auquel je vous aurais exposée.

Je puis, je crois, dire sans forfanterie aucune que je ne suis pas de ceux que le tumulte industriel effraye ou fatigue. Venu au monde en quelque sorte dans des fabriques où c'est à grands coups de maillet que des bataillons d'imprimeurs forcent les planches gravées à laisser leur empreinte sur les tissus, j'ai fréquenté les aiguiseries, les lamineries, les forges des centres métallurgiques, et j'ai vécu quelque temps dans un moulin où, au-dessus de trois paires de meules, se trémoussaient autant de claquets, mais je vous déclare net que tout ce que j'avais précédemment entendu pouvait passer pour chanson plus ou moins harmonieuse en comparaison du vacarme par lequel je suis allé me faire dernièrement étourdir, en pénétrant dans un des tissages mécaniques d'A-miens.

Imaginez-vous deux cents métiers environ travaillant à la fois dans la même salle ou plutôt sous la même halle, et fonctionnant avec des vitesses de cent vingt à cinquante pulsations à la minute; notez que la main de l'homme qui lançait silencieusement la navette de buis est remplacée, dans le métier mécanique, par un double taquet de fer qui heurte violemment une navette, toute garnie aussi de métal, ajoutez que le *battant* est chassé et ramené par des bras de fer, et que les lisses sont mues par des chaînes tirant sur des roues dentées. De cet ensemble résulte non pas un de ces bruits qui, si intense qu'ils puissent être, se trouvent encore comme modérés, par ce fait qu'ils sont composés du fracas de notes éclatantes primant une grave et sourde sonorité, dans laquelle elles se fondent ou s'atténuent; non, là, c'est une confusion, une précipitation indéfinissable de *frappements* secs qui vous secouent, vous transpercent le cerveau :

vous vous croiriez, si je puis ainsi dire, dans une atmosphère de coups de pistolets, détonnant sans re-
tentir.

Jusqu'alors, dans la plupart des ateliers bruyants,
j'avais vu que, par une certaine habitude, ou plutôt
par un procédé d'articulation, les ouvriers arrivaient
à dominer le bruit, et à s'entendre même à quelque
distance : dans celui-là, au contraire, j'ai fort bien
remarqué que les ouvrières qui voulaient se parler
étaient obligées de quitter leur place, pour aller
mettre littéralement leurs lèvres dans l'oreille de
leur compagne.

Je ne veux pas dissimuler que, s'il faut accorder
quelque crédit à l'opinion qui prétend qu'une profonde inimitié existe entre la femme et le silence,
les médisants doivent considérer comme bienvenu
le tissage mécanique, qui réussit à opérer la miraculeuse réconciliation. Mais il me semble qu'en ce cas
le remède est pire que le mal, si mal il y a ; et je ne
vous cache point qu'en parcourant cet atelier, je me
prenais d'un sincère sentiment de compassion, à l'a-
dresse de la centaine de femmes réduites au mutisme
par cet infernal remuement de ferailles : « Las ! où
est-il le tranquille réduit de Pierre Moret, » pensais-
je.

L'idée de comparaison ne manqua pas non plus
de se présenter à mon esprit, quand, au sortir de l'a-
telier de tissage, j'entrai dans la salle, ou plutôt l'é-

tuve — je serais presque tenté de dire le four — où s'exécute le *parage* ou encollage des fils de chaîne.

J'avais vu le brave tisserand de village apporter tout bonnement près du métier la marmite où avait mijoté le pain de pauvre; et c'était sur le métier même qu'il avait enduit ses fils de bouillie. A vrai dire, chez lui, le tissage n'allait pas avec une telle vitesse que les fils, d'ailleurs longuement dépliés, n'eussent pas le temps de sécher avant d'arriver au point de croisure; mais, pour fournir au grand et populeux atelier, où deux cents rouleaux de chaîne s'absorbent à la fois avec une dévorante rapidité, et où chaque métier doit occuper le moins d'espace possible, il a fallu aviser à ce que l'encollage fût produit d'une façon deux cents fois plus expéditive.

En conséquence, on a fait courir au ras du sol, dans une immense salle, tout un système de gros tuyaux de fonte, où circulent des torrents de chaleur, et qui font de cet endroit comme une sorte de pays torride dont ils sont les serpents. Les rouleaux venant de l'ourdissage arrivent là, les fils sont tendus d'un bout à l'autre de la salle au-dessus des tuyaux brûlants. Puis, par une température qui ne descend jamais au-dessous de 35 degrés, mais qui s'élève parfois jusqu'à 5o, des hommes vont et viennent qui, penchés sur ces fils, les encollent avec de grandes brosses. Et cela, comme on dit, tous les jours que le bon Dieu fait, depuis le premier janvier jusqu'au trente et un décembre; et ils n'en sont pas plus fiers, allez! Pourtant on aura pu leur dire que le séjour au Sénégal compte, je crois, double, pour la retraite ou l'avancement des soldats et des membres des missions consulaires.

Quoi qu'il en soit, passons. D'ailleurs, notons-le, de même qu'en de certaines contrées, le filage mécanique, si répandu en d'autres, n'est aujourd'hui qu'à peine intronisé, de même des industries à peu près entières ne connaissent encore que le tissage à la main. Nous avons déjà rangé parmi celles-ci la toilerie de Bretagne, mentionnons encore, sur tous les points de notre sol, aussi bien que dans les pays voisins, la production de la draperie proprement dite, à laquelle le tissage automatique ne semble même pas prêt d'être appliqué; constatons que, pour la soierie et notamment dans la glorieuse métropole lyonnaise, le métier à bras est pour ainsi dire seul en usage, si ce n'est pour quelques articles courants, comme les *florences*, sorte de taffetas léger, dont il me souvient avoir vu, il y a une vingtaine d'années, fonctionner déjà une importante fabrique mécanique dans les montagnes de l'Ardèche.

Puis enfin, comme le remarque fort bien M. Jules Simon (et Amiens, Lille, Rouen, Roubaix, sont là pour rendre témoignage en faveur de cette assertion), « même dans les pays où le tissage automatique est le plus en règne, il y a presque toujours un grand nombre d'ouvriers et d'ouvrières qui travaillent chez eux, pour l'établissement, sur des métiers à bras. » Et il va sans dire que ce saint Jean bouche d'or de la moralisation industrielle, qui s'attriste si éloquemment sur la suppression de la vie de famille par les manufactures, applaudit des deux mains à cette situation aujourd'hui exceptionnelle, laissant encore des maris auprès de leurs femmes, et des mères auprès de leurs enfants. Pour moi, je sais...

Mais vous m'arrêtez : « Çà, Monsieur, allons-nous, à propos de chiffons, nous lancer dans le dédale des hautes questions sociales?...

— Eh bien, non! Madame, car, après tout, le terrain serait glissant à un pauvre philosophe de ma trempe : nous allons tout bonnement retourner à nos chiffons.

S'il s'agit de tissus de chanvre, de lin ou de coton, destinés à figurer sur l'un des rayons de *blanc* du magasin — à part quelques articles qui se vendent, comme on dit, en écru — il faut que ces tissus subissent le blanchiment et l'apprêt.

Pour les toiles de coton, calicots, mousselines, le blanchiment est généralement opéré aujourd'hui par des immersions successives dans des solutions de potasse qui *dégraissent* les fils, et dans des *bains* de chlore qui les décolorent. Après maints lavages à l'eau pure, il faut pratiquer le roussi, qui consiste à passer l'étoffe avec la rapidité de l'éclair sur des cylindres chauffés au rouge, qui en brûlent le duvet. Puis, enfin, on les amidonne à peu près comme vous voyez faire journellement pour le linge ordinaire.

Autrefois, tous les tissus de nature végétale, quels qu'ils fussent, étaient blanchis, comme le sont encore les toiles de chanvre et de lin, par la seule exposition sur le pré. Aussi, dans les pays où ces derniers tissus se fabriquent, voyez-vous de vastes prairies entrecoupées d'étroits canaux, toutes drapées de blanc. Des hommes sont là qui, munis d'une *écope*, arrosent constamment avec l'eau des ruisselets qui coulent entre les rangées de toiles; et l'action combinée de l'air, de l'eau, de la lumière, a pour effet de détruire, ou, pour parler techniquement, d'**oxygéner** ou de faire absorber par l'oxygène les matières colorées qui adhèrent **aux fibres**.

Jadis, Apollon, Dieu du jour, chassé du ciel, dut, nous dit-on, déroger jusqu'à paître les troupeaux; le voilà maintenant qui, sans descendre de son char resplendissant, travaille à nettoyer l'étoffe où nous taillerons nos chemises et nos mouchoirs. Plus il brille, mieux va la besogne. Hourra pour sa gloire, qui est utile!

S'il s'agit de tissus de soie, la série des opérations du finissage n'est rien moins que très-complexe souvent, et toujours très-minutieuse. Pour les taffetas, c'est le lustrage; pour les satins, le cylindrage; pour les gazes, le gommage... Il faut mentionner, comme une véritable industrie à part, le *moirage*, qui donne lieu à des travaux d'une nature toute spéciale, car ces effets que vous voyez dans la moire ne sont obtenus qu'en soumettant les tissus, disposés, pliés en conséquence, à des pressions produites par des engins d'une force considérable.

Quoi qu'il en soit cependant des diverses manipulations que je viens de vous signaler, pour les étoffes de soie, aussi bien que pour celles de chanvre, de lin ou de coton, on peut les considérer comme des parties relativement minimes dans l'ensemble de la fabrication, et il en est à peu près de même pour les étoffes de laine non drapées, comme les mérinos, les *escots*, les *stoffs*, qui, après avoir été dégraissées et teintes, sont tout simplement soumises à des pressions chaudes, destinées à leur donner le *lustre marchand*; mais, pour la draperie proprement dite, *casimir*, *cuirlaine*, etc., etc., on peut affirmer que la pièce, quand elle sort des mains du tisseur, n'est que tout au plus à moitié ouvrée; et je vous prie de me laisser vous en donner la preuve.

Enlevée du métier, elle passe d'abord aux *épinceteuses* ou *énoueuses*, qui la visitent à travers le jour, et qui, à l'aide de petites pinces ou bruxelles, ôtent les *bouchons* résultant du nouage des fils par le tisseur, et réparent à l'aiguille les *clairures* ou lacunes.

Après l'*énouage*, il faut dégraisser l'étoffe, la débarrasser de l'huile dont on avait dû empreindre la laine pour faciliter le filage et le tissage. C'est ordinairement en la lavant dans une dissolution alcaline, ou dans de l'eau mélangée d'argile, dite terre à foulon, et en la faisant passer ainsi baignée entre des cylindres de bois, qu'on dégraisse l'étoffe.

Puis elle est portée au *foulage* — opération dont le but est de lui donner cette moelleuse consistance qui forme le caractère principal de la draperie. Les foulons sont de gros marteaux ou pilons de bois, qui battent dans des auges où l'on place les pièces, et où l'on fait arriver de l'eau savonneuse. Le choc prolongé des pilons opère sur les brins de laine une sorte de feutrage, d'enchevêtrement, que la dissolution savonneuse à la fois facilite et empêche de devenir complète.

Les pièces ayant été lavées, *dégorgées*, séchées, on les livre au *lainage* ou *garnissage*, qui consiste à peigner dans un même sens le duvet qu'a développé et emmêlé le foulage. Autrefois c'était à la main, avec des étrilles garnies de têtes de chardons qu'on produisait le garnissage; aujourd'hui on emploie encore les mêmes chardons, mais le corps de l'étrille est un grand rouleau qui tourne mécaniquement.

Au retour du garnissage, le drap a l'aspect que vous voyez aux couvertures, au molleton, car les couvertures et le molleton sont des draps dont le garnissage est le dernier apprêt. Mais le drap n'est pas fait pour rester aussi barbu. On le porte donc au *tondage* — qui, jadis, se pratiquait à l'aide de grands ciseaux, et qui, aujourd'hui, est généralement opéré par des machines, dans lesquelles des rouleaux armés de lames très-tranchantes rasent le poil sans toucher le corps de l'étoffe.

Puis vient le *catissage*, qui doit donner le brillant, et qui se pratique en glissant entre les doubles du tissu des cartons très-lisses, et des plaques métalliques chauffées, et en soumettant le tout à une pression très-énergique.

Toutefois le lustre obtenu par cette opération ne serait ni persistant, ni suffisamment flatteur, si l'on ne procédait au *décatissage*, qui consiste à faire arriver sur l'étoffe étalée un courant de vapeur. Puis, comme cette vapeur aurait pu *condenser* trop le poil, on donne un nouveau peignage, mais avec des chardons moins crochus.

Puis vient le *ramage*, qu'on pourrait appeler étirage, car il est destiné à étirer l'étoffe à la largeur qu'elle doit réellement conserver, et à effacer les plis qui ont pu s'y former. Pendant qu'elle est étendue, humide, on la brosse, pour coucher le poil dans un sens régulier. Puis, quand elle est sèche, on lui fait subir le tondage finisseur, qui, pour certains draps de luxe, est répété alors jusqu'à *vingt-quatre* fois.

Quand le drap est bien tondu, on le brosse encore fortement, puis on le presse de nouveau à chaud, pour lui rendre le lustre qu'il a pu perdre, puis on le décatit une seconde fois pour rendre ce lustre durable, puis on le presse à froid... Puis on le plie, on l'enveloppe... et on peut enfin l'expédier au vendeur.

— J'ai tenu à vous faire complète cette énumération.

Dites-moi maintenant, Madame, si vous vous seriez jamais doutée que le petit morceau de drap dans lequel on aura pris l'étoffe de vos bottines d'hiver, où que vous aurez découpé pour mettre une *roue* à quelqu'un de vos jupons de tous les jours, ait dû passer par autant de mains pour venir seulement du tisseur jusqu'à vous ?

Si j'ai d'ailleurs appuyé bien légèrement sur le finissage des autres étoffes, il ne s'ensuit pas que tout cela soit aussi simplement et expéditivement exécuté, que j'aurais pu le mentionner. Le blanchiment des toiles sur le pré est, par exemple, vous devez le comprendre, d'une respectable lenteur ; et le moirage des soieries, qui, en somme, résulte tout bonnement de l'écrasement local et irrégulier du tissu, n'est rien moins que la première venue des opérations, puisque l'époque n'est pas fort éloignée où la fabrique lyonnaise elle-même ne pouvait produire la moire dite *antique*, bien que l'illustre Vaucanson n'eût pas dédaigné jadis d'attacher toute son attention sur ce sujet.

« Ah oui ! dites-vous, Vaucanson, je sais, l'inventeur des automates.

— Oui, Madame, celui-là même, qui, par paren-

thèse, jouit d'une célébrité universelle pour ses jou-
joux, tandis qu'on ignore à peu près généralement
que, nommé inspecteur de la fabrique de soierie
lyonnaise, il appliqua en mainte occasion son génie
à des œuvres, sinon plus remarquables, au moins
beaucoup plus utiles. Je sais que, pour ma part,
lorsqu'il y a un certain nombre d'années, je visitai
Grenoble, patrie du grand mécanicien, en apercevant
sa statue sur une place, je m'écriai exactement
comme vous venez de le faire : « Ah! oui, l'inventeur des automates, » et il me souvient que, parmi
ceux de ses compatriotes qui m'accompagnaient, il
ne s'en trouva aucun pour me rappeler qu'il ne
fallait pas exclusivement voir en Vaucanson le créateur du *Flûteur*, du *Joueur d'échecs* et de cet *aspic*
qui, tout en remplissant son rôle, entonna le concert
des sifflets sous lesquels croula la *Cléopâtre* de
Marmontel. Au reste, ce n'est pas seulement pour la
postérité que Vaucanson est avant tout l'ingénieux
fabricant de jouets mécaniques, c'est aussi pour ses
contemporains. « Tandis que Vaucanson construit
d'une main savante son *canard artificiel* — écrit en
1762 Bonnet, le naturaliste philosophe — et que,
saisis de surprise et d'étonnement, nous admirons
cette imitation hardie des ouvrages du créateur, les
esprits célestes sourient, et ne voient qu'un enfant
qui découpe un oiseau. »

Et cependant c'est à Vaucanson, que sont dus les

premiers progrès notables du moulinage des soies; la fameuse chaîne sans fin, qui porte son nom, fut même imaginée pour faire partie du mécanisme appliqué à ce travail, et c'est à Vaucanson qu'il faut peut-être faire remonter l'origine du métier Jacquart.

On raconte que des ouvriers lyonnais, sous prétexte d'être les seuls à pouvoir exécuter certains tissus, s'étant targués d'une façon très-arrogante devant lui, et refusant de travailler, sinon à un taux réellement excessif : « Vous prétendez, leur dit Vaucanson, que nul, excepté vous, n'est capable d'exécuter ce tissu. Eh bien! moi, je me charge de le faire fabriquer par un âne. »

Peu après, en effet, une machine était construite, qui, mue par un simple roussin, produisait automatiquement le travail réputé si difficultueux. Alors, disent les uns, les ouvriers s'ameutèrent contre l'inventeur, qui fut obligé de fuir pour se soustraire à leur colère; d'autres prétendent qu'au contraire, s'étant pacifiquement amendés devant le merveilleux résultat obtenu, ils eurent de Vaucanson la promesse qu'il ne continuerait pas à faire fonctionner sa machine.

Toujours est-il que cette machine — ou plutôt une partie de cette machine, car elle est si peu complète qu'on ne s'explique qu'imparfaitement comment elle fonctionnait — devenue la propriété du Conservatoire des arts et métiers, se trouvait enfouie dans les magasins de cet établissement, où Jacquart put la voir lorsqu'il vint à Paris , pour expérimenter devant le premier Consul un métier à faire les filets, dont il était l'inventeur . Et toujours est-il qu'on trouve une parenté directe entre le principe du métier Vaucanson et celui du métier Jacquart. Mais Jacquart eût-il trouvé là (et je crois même qu'il en est convenu) l'idée première de sa magnifique découverte, qu'encore on devrait lui savoir singulièrement gré d'avoir eu le génie de tirer de l'oubli, où elle fût sans doute restée, la conception incomprise de son illustre devancier.

Il reste, toutefois, à souhaiter que la lumière étant mieux faite sur la nature de ses travaux, Vaucanson recueille dans sa mémoire les hommages véritables qui lui sont dus. Ce vœu peut d'ailleurs être raisonnablement formulé à notre époque, où, Dieu merci, l'on commence à répartir sans trop de parcimonie, sur les héros de la paix, les lauriers trop longtemps dévolus aux seuls gagneurs de batailles. Vous le savez, le dernier remaniement patronymique des voies de Paris nous a donné, par une pensée aussi intelligente que judicieuse, une rue Philippe-de-Girard, une rue Jacquart, une rue Oberkampf.

— Oberkampf ! Oberkampf !... Quel est celui-là, je vous prie?

— Ah! voilà, Madame, que vous m'adressez pré-
cisément la demande que j'entendis faire maintes
fois dans le quartier que j'habite, lorsque les plaques indiquant le nouveau baptême furent substi-
tuées à celles qui portaient l'ancienne dénomination ; et je ne vous cacherai pas — dussiez-vous
grandement vous ébahir — qu'en face du profane,
ou plutôt de l'ignorant accueil fait par la foule à
un nom qui vivait dans mon esprit pour ainsi dire
à l'état légendaire, je ne laissai pas que d'être péniblement surpris . Il en fut de moi ce qu'il en
pourrait être d'un patriotique enfant de l'Helvétie
qui, venant à prononcer le nom de Guillaume Tell,
entendrait répéter autour de lui avec une banale
ndifférence : « Guillaume Tell? qui ça, Guillaume
Tell? »

La chose vous semblera sans doute un peu moins
singulière quand je vous aurai fait savoir, moi, né et
élevé dans l'indiennerie, que le nom d'Oberkampf
n'est autre que celui d'un indienneur digne en tout
point des hommages de la postérité ; mais, pour que
ce sentiment arrivât à vous paraître tout naturel, il
faudrait que je pusse vous rapporter, telle que je l'ai
vingt fois écoutée dans mon enfance, l'histoire, ou
mieux, la légende que mon bon vieux grand-père,
l'indienneur, le contemporain, et qui plus est, le
compatriote d'Oberkampf, me contait dans une
fabrique d'indiennerie ; notez, je vous prie, cette der-

nière circonstance; et, comme influence, ressortant
de la situation du narrateur et de l'auditeur, figurez-
vous, par exemple, l'histoire du héros de la Suisse,
dite, par un citoyen d'Uri ou d'Unterwald, sur
l'herbe du Grutly ou dans la fameuse chapelle du
Lac-des-Quatre-Cantons; il faudrait encore que je
pusse donner à ce récit l'accent et les tournures ger-
maniques auxquels il devait une pittoresque nuance
de fantaisiste ancienneté, et vous entendriez certainement quelque chose d'analogue à la narration si merveilleusement naïve que Balzac met dans la bouche
d'un vieux sergent, disant, comme il la voit, comme
il la comprend, aux villageois, la vie de son homé-
rique Empereur. Au reste, il serait facile de trouver
plus d'une analogie de caractère et de destinée entre le
grand capitaine et le grand industriel, qui, d'ailleurs,
se connurent, s'estimèrent, et qui, à un certain moment, se trouvèrent marcher au même but par deux
voies bien différentes. « Monsieur Oberkampf, dit un
jour Napoléon au manufacturier, sur la poitrine duquel il avait quelque temps auparavant attaché sa
propre croix, en affirmant que nul n'était plus digne
de la porter, vous et moi nous faisons aux Anglais une
rude guerre : vous, par votre industrie, et moi, par
mes armes. » L'Empereur ajouta même, à ce qu'on
assure : « Et c'est encore vous qui faites la meilleure. »

Or, qu'était-ce que celui qui s'exprimait ainsi ?

Un homme d'obscure origine, qui, né sur une terre étrangère (la Corse alors, vous le savez, n'était encore française qu'à demi), ne devait qu'à la seule puissance de ses facultés, servies par l'heureuse coïncidence d'une époque exceptionnelle, d'être monté au rang suprême dans sa nouvelle patrie.

Et qu'était-ce que celui à qui il s'adressait ? Un étranger d'humble naissance aussi, un haut parvenu de l'intelligence, qui pouvait aussi rapporter en partie l'honneur de ses magnifiques succès à des circonstances vraiment particulières.

Vous connaissez de reste les événements majeurs qui favorisèrent la fortune du premier : destruction d'un régime sous lequel la carrière lui eût été normalement fermée, et guerres internationales où il s'illustra.

C'est à peu près la destinée du second. Voyez.

D'abord, pourquoi appelons-nous *indiennes* les toiles peintes ou imprimées? Parce que l'Inde nous les a d'abord fournies. On ne saurait fixer au juste l'époque où les premières arrivèrent en Occident; mais on suppose que l'art de peindre, d'aucuns disent même d'imprimer les toiles, était connu de toute antiquité chez les peuples industriels de l'Asie. Quoi qu'il en soit, ce ne fut guère que vers la fin du xvi⁰ siècle que, grâce à la connaissance de quelques procédés rapportés par d'aventureux voyageurs, s'établirent presque simultanément en Hollande, en

Angleterre et en Suisse, des manufactures où l'on s'efforça d'imiter les produits orientaux ; mais ce fut en Suisse que cette industrie prit le plus d'essor, par ce fait sans doute que là elle avait trouvé liberté pleine et entière, tandis qu'ailleurs, les maîtrises, les corporations auxquelles elle venait faire concurrence, lui avaient déclaré une guerre plus ou moins implacable.

Il va sans dire qu'en France, où l'esprit d'initiative ne fit jamais défaut, des gens se seraient nécessairement trouvés pour diriger quelques tentatives en ce sens ; mais ces tentatives furent rendues en principe impossibles par des ordonnances prohibitives qu'obtinrent les fabricants d'étoffes de lin, de chanvre et de soie.

Peut-être dois-je noter, à la justification, non pas de ce système d'entraves au progrès, mais des artisans qui en réclamaient les bénéfices, qu'en ces temps de priviléges il n'était aucune position industrielle ou commerciale dont le titulaire n'achetât le droit d'exercice par une longue et onéreuse suite de redevances qui, établies dans le prétendu intérêt et pour le prétendu honneur de la profession elle-même, ne faisaient en somme que constituer une abondante source de revenus fiscaux, en arrêtant singulièrement l'élan du génie industriel.

On avait décrété à l'origine contre les *toiles peintes*. Il était interdit non-seulement d'en fabriquer,

mais aussi d'en introduire sur le territoire du
royaume. Et cet état de choses durait même au milieu du XVIIIᵉ siècle, où l'on ne voyait encore chez nous
que des indiennes et des fichus imprimés venus par
contrebande, des fabriques de la Suisse et du Comtat
Venaissin, — alors terre papale. — « Les agents des
douanes les arrachaient de dessus les épaules des
femmes en pleine rue. Malgré ces rigueurs, ou peut-
être même à cause d'elles, le goût de la nation pour
les toiles peintes était devenu si général, que le gouvernement jugea d'abord à propos d'en permettre
l'introduction moyennant un droit de 135 francs
par quintal. Enfin, un édit royal, en date du 9 novembre 1759, en autorisa la libre fabrication. Ce
fut — dit l'historien d'Oberkampf (1) — une véritable révolution pour l'industrie française. »

Révolution qui, croyez-le bien, ne s'accomplit pas
sans luttes et sans tiraillements. Les moralistes mêmes
s'étaient mis depuis longtemps de la partie ; ils avaient
crié à l'abomination sur ce luxe nouveau, qui allait
corrompant les classes inférieures. — « Ce n'est pas,
écrivait encore à l'époque où l'édit fut rendu l'auteur
anonyme d'une publication intitulée : *Des effets que
doivent produire dans le commerce de la France
l'usage et la fabrication des toiles peintes* (citée
par M. Alcan), ce n'est pas la modicité du prix, c'est

(1) Labouchère : vie d'Oberkampf, un vol., dans la Biblio-
thèque populaire. — Hachette.

la mode et une certaine vanité qui rendent les femmes du menu peuple si curieuses de toiles peintes.
Habillées de siamoise ou de toile unie, elles ne peuvent se comparer qu'aux femmes de leur état. Ont-
elles une robe de toile peinte à Genève ou en Angleterre, elles se croient au-dessus de leur condition,
parce que les femmes de qualité portent aussi des
toiles peintes. »

Mais enfin, quoi qu'eussent pu dire ou faire les
partisans de sa prohibition, la nouvelle industrie
venait de recevoir ses lettres de naturalisation et sa
liberté d'action ; il ne lui restait donc qu'à en faire
usage.

Sans doute, supposez-vous, que tout aussitôt de
vastes établissements s'ouvrent, à la tête desquels se
placent, soit quelques-uns des principaux manufacturiers étrangers, soit des artisans très expérimentés,
soutenus par d'importantes commandites. Attendez.

Quand la grande rénovation de 89, bouleversant
le vieil ordre de choses, fera que tous les hommes
pourront prendre pour but de leurs talents ou de
leur ambition les plus hauts sommets sociaux, qui
verrons-nous surgir pour occuper à certain jour la
première de toutes les places, pour relever même,
afin de s'y asseoir, le trône si violemment renversé ?
Sera-ce par quelque illustre fils des illustres familles
que la brillante tâche sera remplie ? — Non, un
modeste écolier partira de Brienne, deviendra un

obscur lieutenant d'artillerie à Valence, ira commander quelques batteries sur les hauteurs de Toulon;
et, ces premiers pas faits, ne s'arrêtera plus que là
où vous savez.

Or, — mais laissez-moi vous faire remarquer que
ce parallèle n'est pas de moi, mais de mon bon aïeul,
qui, par enthousiasme professionnel, ne laissait pas
que de s'y complaire, — or, à peu près vers le temps
où devait être publié cet édit royal, qui était le 89
de l'imprimerie sur toiles, un pauvre ouvrier, presque un adolescent, car il avait à peine vingt ans,
quittait une petite ville du canton d'Argovie, où son
père dirigeait un modeste atelier d'indiennerie, prenait la route de Paris, et, peu après son arrivée, s'en
allait un beau matin, côtoyant le ruisseau de Bièvre,
qui passe aux Gobelins, cherchant sur les rives un
endroit qui lui semblât convenable pour la réalisation du projet qu'il avait formé.

Il poussa ainsi jusqu'à Jouy-en-Josas, grand village aujourd'hui, alors petit hameau. « Le site, qui
ne put que lui rappeler les paysages d'Argovie, dut
plaire au jeune homme. S'étant assuré que l'eau,
nécessaire à son industrie, ne manquerait point, et
que l'établissement pourrait s'étendre sur des terrains
dont la valeur n'était pas grande, sa résolution fut
aussitôt prise... Ayant aperçu une maisonnette pla-
cée au bord de la rivière, et à laquelle attenait un
petit pré, il entra pour s'aboucher avec le proprié-

taire; on tomba d'accord, et la maisonnette, avec quelques perches de prairies, pour l'étendage des toiles, fut louée, moyennant 3oo francs, pour neuf ans... Cette maison était trop petite pour contenir une chaudière, qu'on dut établir à l'extérieur, et où, pendant quelque temps, dans une pièce unique, un matelas remplaça chaque soir les instruments de travail; le dessous de la table servait d'armoire.

« Ce fut le 1<sup>re</sup> mai 1760, que le jeune homme imprima lui-même la première pièce de toile. Il lui fallait un dessinateur, un graveur, un imprimeur, un teinturier; il se multiplia, et fut tout cela à la fois. Les premiers temps furent difficiles... Au bout de deux mois, il avait déjà des indiennes à vendre, ce qui lui permit de payer deux imprimeurs... » (Labouchère.)

Et ainsi fut fondée, par Christophe-Philippe Oberkampf, c'est-à-dire par un homme pour qui les efforts de ses rivaux furent un perpétuel stimulant d'activité et de progrès, la manufacture d'indiennes de Jouy qui, dès son début, se plaça à la tête d'une industrie dont elle devait être, pendant plus d'un demi-siècle, l'exemple, le modèle, la gloire.

Savez-vous pourquoi, dans ce lambeau de récit, j'ai tenu à prendre étroitement pour guide l'historien du célèbre manufacturier? Parce que c'est sur ce premier épisode que portait principalement la légende à moi tant de fois redite par mon grand-père, le fanatique admirateur d'Oberkampf, et j'aurais craint que mon seul souvenir ne m'égarât.

Là où l'histoire nous montre des facultés exceptionnelles unies à la plus énergique volonté, — union suffisamment rare et méritoire, — la légende, vous le comprenez, n'avait guère de peine à trouver des prodiges. Là où l'une voit un jeune garçon aussi bravement ingénieux que lucidement entreprenant, l'autre n'hésitait pas à créer une sorte de grandiose personnage, dont les moindres gestes et pensées étaient empreints d'un caractère héroïque tout particulier.

Notez, — pour en revenir à mes propos de tantôt, c'est-à-dire afin de vous expliquer mieux l'hyperbolique limite à laquelle devaient atteindre les assertions de mon narrateur, — que, né dans le pays même d'où Oberkampf était parti, il avait fait son noviciat d'artisan dans la fabrique qui se glorifiait d'avoir compté le grand indienneur parmi ses ouvriers, et, qu'en outre, il savait, pour l'avoir tenté avec un succès bien différent, ce qu'il en pouvait être de tâcher à résumer en soi cette universalité d'aptitudes où s'était si victorieusement révélée la personnalité d'Oberkampf.

De tous les bâtiments que comprenait l'immense, le magnifique établissement, on ne voit plus debout aujourd'hui que la petite maison où s'installa Oberkampf en arrivant à Jouy, et que la piété de sa fille a convertie en asile pour l'enfance ; mais au moins reste-t-il dans nos annales industrielles un nom qui fut à la fois celui d'un remarquable artisan, et celui d'un véritable homme de bien.

En 1787, Louis XVI, par un acte qu'il dit être « le plus juste de son règne, avait conféré à Oberkampf des lettres de noblesse. Quoique sensible à cette haute marque de distinction, Oberkampf avait alors laissé aux siens, et à la grande famille d'ouvriers dont il était le père, le soin de s'en enorgueillir. En 1791, époque où furent organisés les *conseils généraux*, celui de Seine-et-Oise, dans une de ses premières séances, décida spontanément l'érection d'une statue à Oberkampf, sur la place de Jouy. Mais Oberkampf mit tout en œuvre pour empêcher l'exécution de ce projet, et se félicita d'y avoir réussi. »

En 1800, ayant appris par le *Journal,* qu'il avait obtenu, au tribunat conservateur, quarante voix sur cinquante pour sa présentation au Sénat, il « envoya aussitôt son neveu chez les amis qu'il *soupçonnait* d'avoir mis son nom sur le tapis, » et, bien qu'on s'efforçât de lui démontrer qu'on voulait honorer en lui l'industrie et le commerce, il ne fut tranquille que lorsqu'il eut la certitude qu'aucune suite ne serait donnée à cette affaire, car, « il n'y avait, disait-il, qu'une place qui lui convînt, et c'était sa manufacture. » Plus tard, les désastres na-

tionaux ayant occasionné l'arrêt complet des travaux de la manufacture, où tant de gens trouvaient
d'honnêtes moyens d'existence, « ce spectacle me
tue, » répétait douloureusement Oberkampf. Il s'é-
teignit, en effet, le 4 octobre 1815, alors que les
troupes prussiennes étaient encore casernées dans
ses ateliers inactifs.

Plus noble mort ne pouvait couronner plus digne
et plus utile carrière.

Pour être juste, je dois vous dire qu'Oberkampf
ne fut pas le seul propagateur de la nouvelle industrie en France, car, presque en même temps qu'il
s'établissait à Jouy, d'autres fabriques se fondaient
à Bolbec, à Corbeil, à Sèvres ; mais, encore pour
être juste, je dois vous répéter que, tant qu'elle sub-
sista, la maison d'Oberkampf, première en âge, resta
invariablement aussi la première en rang, tant pour
la distinction et la valeur réelle de ses produits, que
pour les progrès qu'elle poursuivit ou réalisa.

Oberkampf peut donc être équitablement considéré comme personnifiant l'intronisation chez nous
de l'impression sur étoffes comme chez nos voisins
d'outre-Manche. Arkwright représente l'établissement — ne disons pas l'invention — de la filature
mécanique du coton. C'est donc un hommage bien
placé que celui de la ville de Paris, donnant le nom
d'Oberkampf, à la principale rue d'un de ses quar-
tiers industriels.

Au temps d'Oberkampf , déjà l'impression sur étoffes, d'ailleurs aidée des lumières des premiers physiciens et chimistes de l'époque, avait laissé loin derrière elle les produits orientaux qu'elle n'avait d'abord que copiés imparfaitement, et à grand'peine. Aujourd'hui, elle est comme une sorte de merveilleux Protée, se prêtant à toutes les fantaisies, et semblant réellement se transformer selon que l'application en est faite dans telle ou telle branche des industries textiles, car rien, par exemple, ne rappelle moins la méchante indienne à dix sous, dont se couvrent nos pauvres ouvrières, que ce somptueux taffetas, que le commerce qualifie improprement du nom de *chiné,* et dans les flots desquels se prélassent nos élégantes. Pour produire l'une, on fait tout simplement passer un grossier jaconas entre deux cylindres, dont l'un, qui est gravé, l'empreint des traits qu'il porte : pour obtenir l'autre, c'est avant le tissage, sur les fils de soie de la chaîne, qu'on imprime ; et le travail de la navette qui agit ensuite, a pour résultat de faire que le dessin, qui est comme enfermé dans le corps de l'étoffe, apparaît avec un vague, un vaporeux, — un flou, dirait un artiste, — d'un remarquable effet.

Sur lin, sur chanvre, l'impression donne ces cravates, ces mouchoirs aux bordures mignonnes, ces devants de chemises que la fashion a depuis longtemps adoptés. Sur laine, elle imite, avec une surprenante

fidélité et aux taux les plus minimes, les châles indiens ; c'est à elle encore que vous devez les charmantes
mousselines dont vous faites tant de fraîches toilettes
d'été ou de bal. Dans ces dernières années même elle
a gagné la draperie commune, qu'elle relève des plus
fantaisistes bigarrures ; et c'est elle qui, appliquée à
des pièces de feutre, peint ces tapis d'un aspect ca-
ractéristique dont la France se trouva tout à coup
inondée après le *traité de commerce*, sous le nom
de *carpettes* anglaises. Sur soie tissée, elle crée le foulard aux multiples usages, et, habilement combinée
avec le tissage, les riches étoffes dont je vous parlais
tout à l'heure. Sur coton enfin, elle produit, outre les
indiennes de tous les genres, de tous les prix, les
imitations de foulards et ces *perses* dont on fait des
housses, des rideaux, des tentures. L'impression a
aujourd'hui pour centres principaux, Mulhouse,
Rouen, Paris, Lille, Lyon, Avignon, Toulouse.
L'Alsace et la Normandie n'impriment guère que
des toiles de coton. La Flandre imprime aussi le lin.
Les étoffes de laine s'impriment dans la zone pari-
sienne et dans le Lyonnais qui se partagent avec le
Gard les impressions sur soie. Enfin le Vaucluse et la
Garonne fabriquent ces classiques fichus dits *de Provence* qui ne se voient plus dans nos villes, ni même
dans la plupart de nos campagnes, mais qui s'en vont
encore faire les délices des paysannes navarraises et
catalanes, quand ils ne sont pas destinés à servir de

voyante capuce aux contadines de la Calabre ou des Abruzzes. — Somme toute, je puis affirmer qu'avec le personnel attaché seulement en France à cette industrie relativement nouvelle et dont bien des gens, même dans les classes éclairées, semblent à peine soupçonner l'importance, on peuplerait une grande ville...

Mais voilà que par cette simple affirmation je viens d'entre-bâiller une porte que je suis bien tenté de pousser tout à fait.

On dit les chiffres éloquents. Voulez-vous en ce cas me permettre d'en faire l'épreuve?

Savez-vous, Madame, dans quelle proportion s'établit en France le rapport de la valeur des produits de la seule industrie textile, à la valeur totale des produits de toutes les industries réunies? Eh bien! ce rapport est à peu près le même que celui de 40 à 100. C'est-à-dire que tous les ateliers de France donnant une somme de travail qui atteint environ 5 milliards de francs, il sort des seuls ateliers de tissus pour plus de 1,700 millions de produits.

Savez-vous combien d'individus sont répartis dans ces ateliers? — Un million environ, régis par quelque cinquante ou soixante mille patrons.

Savez-vous combien de *broches,* ou fuseaux, tournent dans nos 100 ou 150 filatures mécaniques de lin et de chanvre? — Un demi-million. — Combien dans nos 500 filatures de coton? — Trois millions cinq cent mille. — Combien dans nos cinq cents filatures de laine? — Quinze cent mille. Combien dans nos filatures de soie? — Cinquante mille.

Savez-vous combien d'ouvriers sont employés au tissage du coton, du lin, du chanvre et de la laine? — Près de quatre cent mille. — Combien de métiers tissent la soie? — Cent quarante mille, dont soixante-dix mille dans le seul centre lyonnais. En dehors de l'industrie textile proprement dite, savez-vous à combien de femmes sont dues les broderies et les dentelles riches et communes? A trois cent mille au moins, dont soixante mille dans la Normandie, vingt-cinq mille dans les Vosges, cent trente mille dans l'Auvergne et la Haute-Loire, quatre ou cinq mille dans le nord, et six mille à Paris.

Ce n'est là que de la statistique française. Que serait-ce si je m'attaquais à la statistique universelle? Un exemple. Savez-vous combien de mètres de toile de coton sortent, année moyenne, de toutes les fabriques du monde? — Non. — Eh bien! je vous apprends, sur la foi des statisticiens, pour qui vraiment il semble n'y avoir rien de sacré, que si l'on cousait bout à bout toutes les pièces de calicot fabriquées en un an, cette étoffe suffirait à emmaillotter très-confortablement le globe.

Savez-vous?.. — Mais n'êtes-vous pas d'avis que c'est assez de défilades arithmétiques comme cela? Pour moi, je m'aperçois que, si éloquents puissent-

ils être, les chiffres n'en sont pas moins des chiffres,
même pour celui qui les débite. Je me hâte donc de
fermer la porte que j'avais ouverte.

Et maintenant que nous avons jeté des vues d'ensemble sur les principales divisions de la vaste, de
l'imposante industrie à laquelle sont dus les produits
qui, de tous les points, viennent se réunir chez le
*marchand de nouveautés*, croyez-vous que nous
devions visiter en détail chaque spécialité ? — Pour
ma part, j'y serais tout disposé ; car, que de groupes
intéressants à vous présenter encore, que de rudes,
ou patients, ou épuisants labeurs à vous signaler,
que de surprenants témoignages du génie et de la
fécondité industrielle, si nous suivions seulement
quelques-unes des innombrables ramifications du
grand arbre dont nous n'avons jusqu'ici escaladé
que les branches *mères*. Quel spectacle ne nous
serait pas offert, par exemple, si nous pénétrions
dans cette fameuse vallée de Kachemyr, dont les
tissus qu'elle nous envoie sont encore si hautement
appréciés, par cela même qu'ils conservent, au milieu des merveilles de nos fabriques, ce cachet de
naïve étrangeté d'un art qui, après s'être élevé à une
prodigieuse puissance, s'est tout à coup immobilisé
pour rester stationnaire pendant une longue suite de
siècles? (Car il est à peu près démontré que les ouvriers de Kachemyr reproduisent identiquement
aujourd'hui, avec mêmes dessins, mêmes teintures,

mêmes genres de fils, les châles que leurs ancêtres
fabriquaient il y a des centaines d'années, tandis
que chez nous, toujours l'imagination des dessinateurs s'évertue, toujours la teinture se perfec-
tionne, toujours les procédés de filage, de tissage
s'améliorent.) Que de sujets d'attention, d'étonnement n'aurions-nous point si nous nous dirigions
vers les *tapisseries* des Gobelins, d'Aubusson, de
Beauvais; si, quittant les montagnes de Tarare, où
se fabriquent les jaconas, les mousselines brochées,
nous gagnions Sedan, Elbœuf, Louviers, ces métro-
poles de la belle draperie; si, pour compter les
troupeaux et comparer les toisons, nous allions,
errant, des sierras espagnoles aux steppes de l'Oural;
si, comme nous sortirions d'Alençon, où nous nous
serions ébahis en voyant la main des femmes créer
la *reine des dentelles*, Calais nous invitait à voir
naître les tulles sur ses immenses métiers; si nous
visitions les populeuses manufactures de mérinos, de
flanelles de la région champenoise, après avoir visité
les rustiques toileries du Dauphiné. — Oui, je
pousserais volontiers de lentes et minutieuses recon-
naissances dans ces diverses directions, moi qui,
élevé dans le milieu industriel, peux trouver
un intérêt instinctif, professionnel aux moindres
incidents; mais le voyage, j'en suis sûr, ne tarderait
pas à vous sembler long et fastidieux, à vous qui ne
m'accompagnez qu'en qualité de simple promeneuse,

et dans un but de pure distraction. — Qui sait même si déjà vous n'avez pas trouvé que j'aurais dû m'arrêter plus tôt. — Du reste, il vous en souvient sans doute, c'est à la suite d'une sorte de mutuel défi que nous nous sommes mis en route. Vous m'accusiez de professer le plus injuste mépris pour des objets qui vous semblaient mériter la plus vive attention. J'ai voulu vous démontrer que, loin de les déprécier, je les estimais bien au-delà peut-être de ce que vous pourriez supposer. Si donc je suis venu jusqu'ici sans avoir réussi à faire — pour employer la formule bazochienne — la preuve de mon dire, c'est que vraiment je ne saurais la faire, et alors je n'aurais guère qu'à me hâter de vous tirer humblement ma tardive révérence, en vous priant d'oublier mon impuissant verbiage. Si, au contraire, je suis parvenu non-seulement à rendre évident pour vous le sentiment auquel vous me croyiez étranger, mais encore à le motiver au point qu'il vous ait quelque peu gagnée, à quoi bon que je poursuive? mon but n'est-il pas atteint?

Et, d'ailleurs, n'est-ce pas un titre d'orgueil suffisant pour moi que d'avoir mérité qu'on dise:

« Il sut apprendre à une femme à aimer les *chiffons*. »

FIN

14